Todos los tés del mundo

Todos los tés del mundo

- Historia y virtudes
- Preparación y recetas
- Cuentos para la hora del té
- La ceremonia japonesa del té
- Artes del té

OCEANO AMBAR

TODOS LOS TÉS DEL MUNDO

Fotografías: BECKY LAWTON, M&G STUDIO, ROSA CASTELLS-C.C.L, CRISTINA RECHE,
STOCK PHOTOS, AGE, HIGHRES, ARCHIVO OCÉANO ÁMBAR
Agradecimientos: NAZANÍN AMIRIAN, ADRIANA ORTEMBERG, MERCÈ ESTEVE, DR. RAMON ROSELLÓ, ED. LA LIEBRE DE MARZO,
TEA SHOP OF EAST WEST COMPANY
Edición: MONTSE VILARNAU, MÒNICA CAMPOS, ESTHER SANZ, RODOLFO ROMÁN
Edición digital: JOSE GONZÁLEZ

2ª edición, verano 2005
3ª edición, primavera 2006

GRUPO OCÉANO - Milanesat 21-23 – 08017 Barcelona
Tel: 93 280 20 20 – Fax: 93 203 17 91
www.oceano.com

ISBN-13: 978-84-7556-323-7
ISBN-10: 84-7556-323-6
Depósito legal: B-48328-XLVII
Impreso en España - Printed in Spain
9001458030406

Índice

Introducción

«Carecer de té en una sobremesa
es algo que perturba el orden del Universo.»

RUDYARD KIPLING

El té es una bebida legendaria que cosecha cada vez más seguidores en todo el mundo. De hecho, su popularidad ha crecido tanto en los últimos dos mil años que actualmente su consumo sólo es superado por el agua.

Alguien dijo que «el té carece de la arrogancia del vino, del individualismo del café y de la inocencia del cacao». Sea en infusión, como batido o en las recetas culinarias, el delicioso y delicado sabor de esta planta es capaz de sorprender al gourmet más exigente.

Este tesoro para la salud y el paladar estuvo celosamente custodiado por los emperadores durante muchos siglos, hasta que los intrépidos mercaderes holandeses y británicos empezaron a importarlo a Occidente.

Existen muchas variedades de té, según su origen y procesado, pero entre todos ellos destacan el verde y el blanco por sus prodigiosos beneficios para la salud. Su poderosa acción antioxidante —y suavemente estimulante— se ha relacionado con la excepcional longevidad de la población en algunas regiones de China y Japón.

Este libro recoge todos estos beneficios, que los amantes de los nuevos sabores podrán disfrutar en forma de deliciosas recetas: infusiones, cocktails, helados y salsas a base de té.

Pero como el universo de la *Camelia Sinensis* —su nombre botánico— es inmensamente rico y variado, en este libro veremos otros aspectos igualmente fascinantes de la cultura del té: la ceremonia japonesa, una selección de cuentos para la hora del té, e incluso la lectura de los posos.

El libro se completa, asimismo, con un diccionario para *connoisseurs*, junto con una antología de lo que han dicho grandes personajes de todos los tiempos sobre esta mítica planta. Como decía Lu Tung, hace más de doce siglos, en su célebre tratado sobre el té:

Lu Tung, «Tratado sobre el té»

La primera taza humedece mis labios y mi garganta.

La segunda taza mitiga mi soledad.

La tercera taza busca en mis áridas entrañas miles de ideogramas absurdos.

La cuarta taza provoca una leve transpiración —todos los males de mi vida salen por los poros.

Y en la quinta taza ya estoy purificado.

La sexta taza me transporta a los reinos de los inmortales.

La séptima taza —ah, ¡no puedo tomar más!

Sólo puedo sentir la brisa del fresco viento que levanta mis mangas.

¿Dónde está el Elisio? Déjame cabalgar en esta suave brisa para que me lleve bien lejos.

La cultura del té

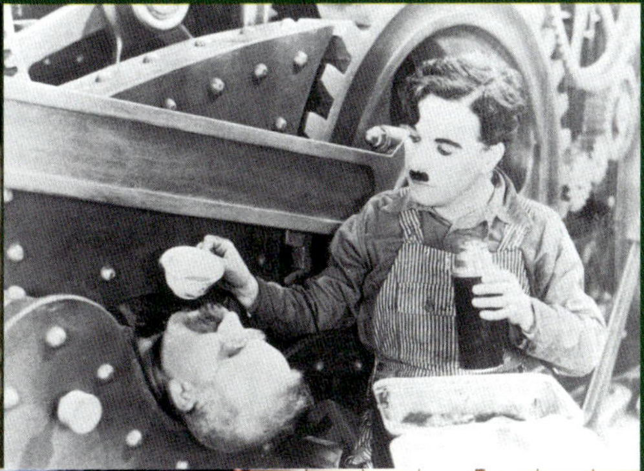

Historia del té

Un origen legendario

Los primeros documentos que hacen referencia al té datan del período que va entre los siglos VII y VI a.C. Los pobladores de la China ancestral cantaban en esa época las excelencias del *Tu*, nombre que recibían un grupo de plantas entre las que estaba el té que conocemos hoy. Este es el origen oficial de esta infusión, pero si prestamos crédito a la leyenda popular, el té se conoce desde el 2.700 a.C.

El emperador Chen Nung

El escritor francés Maxence Fermine relata así en su novela *Opio* el descubrimiento del té en China: «Un día, hace de esto más de cuatro mil años, el emperador Chen Nung viajaba con su escolta por una lejana comarca de su enorme país. Como quiera que el viaje era largo y agotador, ordenó que le dejasen descansar a la sombra de unos árboles para protegerse del sol. El convoy se detuvo y el emperador se sentó con las piernas cruzadas bajo un arbusto desconocido. De inmediato pidió un tazón de agua hirviendo, pues estaba sediento y era el único remedio que conocía para apagar la sed. Sus servidores se apresuraron a llevárselo. En aquel momento cayó una hoja en el tazón del emperador. Chen Nung bebió el agua sin reparar en ello, y, al hacerlo, un perfume a un tiempo dulce y amargo le llenó la garganta. Intrigado, inspeccionó el fondo del tazón y encontró la hoja que propagaba tan fascinante perfume. Acababa de nacer el té.»

Publicada en castellano por Ed. Anagrama.

aproximadamente. Entre los años 206 a.C. y 221 d.C., durante la dinastía Han, la mejora en los métodos de recolección de la hoja de té y su posterior preparación hizo que esta bebida fuera consumida por la familia real. Su prestigio en los círculos nobles fue en aumento, llegando a su apogeo en la época de los Tres Reinos, (221-277 d.C.), cuando el té sustituyó al vino en los banquetes de la corte.

El pueblo llano tardaría todavía cinco siglos en conocer las bondades de esta virtuosa planta, ya que no fue hasta el reinado de la dinastía Tang, del 618 al 907 d.C., que el té se erigió en la bebida nacional de China. Prueba de ello es que un filósofo de la época, Lu Yu, escribió en el 780 d.C. el primer tratado sobre su historia, cultivo y preparación: el *Cha Ching*, el «Libro del té».

La fama del té se extendió por todos los rincones de China gracias a las caravanas de comerciantes que surcaban el país. En el 705 d.C., la *Camelia Sinensis* cruzó por primera vez fronteras y fue introducida en Japón por el monje Dengyo Daishi. En la misma época, el té llegaría al Tíbet con gran éxito. Se preparaba hirviendo pastillas de té prensado que luego se mezclaban con mantequilla y sal. No fue hasta

Té a la tibetana

El alpinista Heinrich Harrer narra en su libro de memorias *Siete años en el Tíbet*, interpretada en el cine por Brad Pitt, la costumbre local de tomar el té mezclado con manteca de yak, combinación que a él le horrorizaba. El autor comentaba que algunos tibetanos aseguraban consumir más de cien tazas al día.

principios del siglo XX que se impuso el consumo en forma de infusión, aunque todavía hay muchos tibetanos que prefieren tomarlo a la manera tradicional.

Más allá de China

El té había empezado a cruzar fronteras a principios del siglo IX, cuando los primeros cargamentos llegaron por barco a Corea y Japón. Allí, un monje budista llamado Yesai publicó en 1191 el primer libro japonés dedicado al té. En ambos países empezó a cultivarse té en las zonas húmedas y montañosas, y sus habitantes conocían las propiedades terapéuticas de la infusión esmeralda. Los monjes zen incorporaron el té a la rutina del templo, como aliado de las meditaciones que se prolongaban durante todo el día.

Sobre el maridaje entre el budismo y el té, la leyenda cuenta que un príncipe indio llamado Drama había decidido consagrar su vida a la oración. Después de abandonar su tierra, empezó a peregrinar en dirección a China y Japón. Agotado por las duras jornadas de viaje, le invadió un sueño profundo junto a la orilla de un río y se quedó dormido por largo tiempo. Al despertar se sintió horrorizado por su laxitud y se impuso un severo castigo para no volver a sucumbir al sueño: se cortó los párpados y los enterró en el lugar donde se había dormido. Muchos años después, en el camino de regreso al hogar, pasó por el mismo lugar y descubrió que allí donde había enterrado los párpados crecía un extraño arbusto. El religioso mascó algunas hojas y advirtió que ayudaban a mantener su mente despierta. Desde entonces, todos los monjes zen cultivan té en el jardín del monasterio.

Del «cha» al «té»

Los nombres que recibe la palabra «té» son muy parecidos en toda Asia: en Japón se denomina *cha*, en Rusia *caj*, en India *tschaj* y en China *ch'a*. Algunos lingüistas sostienen que es posible que todos ellos vengan de la palabra «vitalidad» en chino, que se pronuncia *chi*.

En la provincia china de Fukien, los holandeses aprendieron la palabra *tay*, que significa «té» en dialecto, y con este sonido se introdujo en Europa. De hecho, en Inglaterra e Irlanda se pronunció *tay* hasta principios del siglo XVIII, término que ha derivado luego a *tee* y posteriormente a *tea* —*té* en castellano—, tal y como lo conocemos ahora.

En muchas lenguas europeas, esta misma palabra se utiliza para designar de modo genérico las tisanas o infusiones de hierbas.

Independientemente de sus virtudes curativas, los nobles japoneses incluyeron el té en sus reuniones sociales. Acababa de nacer el *Cha no yu*, la ceremonia del té, un delicado y exigente ritual —duraba unas cuantas horas— para el que los anfitriones adquirían los utensilios más preciosos.

El té llega a Occidente

La primera noticia de la existencia del té en Occidente data del año 851 de nuestra era. La consignó un mercader árabe de nombre Suleimán en su libro *Relaciones de la China y de la India*, donde lo definía como «una hierba perfumada y de sabor agrio que se toma en Oriente con agua hervida».

Aparentemente, los occidentales no volvieron a saber de esta infusión hasta 1529, cuando el veneciano Giambattista Ramusio relató en su libro *Navigazione e Viaggi* la existencia de una planta en Oriente que «calma los dolores de la gota, además de garantizar el buen funcionamiento del estómago». Y también los misioneros jesuitas visitaron China y Japón en el siglo XVI y hablaron de una planta de sabor dulce que los nativos llamaban *chai*.

La Compañía de las Indias Orientales

En el siglo XVII las potencias europeas pugnaban por hacerse con nuevos mercados en Asia. Dentro de este proceso, la holandesa Compañía de las Indias Orientales llevó en 1606 el primer cargamento de té a Europa. Posteriormente los barcos de la inglesa East India Company se hicieron con el monopolio del té y empezaron a distribuirlo por Francia, Alemania y Portugal, además de Inglaterra. En 1657 se abrió el primer salón de té en Londres, en cuyo piso superior se llevaban a cabo transacciones financieras con esta planta. Pero el té se popularizó en Inglaterra unos años más tarde, cuando el rey Carlos I se casó con Catalina de Berganza, gran aficionada a esta bebida.

La infanta portuguesa aportó como dote el puerto de Bombay, uno de los más relevantes en el comercio marítimo entre Asia y Europa, y que llegó a ser clave en el comercio del té entre ambos continentes. La infusión empezó a servirse en la corte, y durante el siglo siguiente se convirtió en la bebida más popular en Inglaterra, por encima incluso de la cerveza y la ginebra.

En 1834, la East India Company perdió el monopolio del té tras una resolución del gobierno británico. Con la libre competencia entre compañías, el quid de la cuestión era la rapidez de las naves, con lo que los grandes barcos dejaron paso a embarcaciones pequeñas y ligeras: los denominados *clippers*. Esto produjo verdaderas competiciones para llegar antes a puerto y vender así a mejor precio, con toda clase de incidentes y aventuras en alta mar, pues por término medio la ruta Occidente-Oriente se cubría en cien días.

La costumbre de añadir leche al té —tan arraigada en Inglaterra— la introdujeron los holandeses a principios del siglo XVII y de ahí pasó a Francia y a Inglaterra. En Japón o China nunca añaden leche al té porque consideran que estropea su sabor, impide ver el color original de la infusión y disfraza su olor.

Hasta principios del siglo XIX, el té se tomaba a cualquier hora del día. Se atribuye la creación del británico *afternoon tea* —el té de las cinco— a la Duquesa de Bedford, quien tras tomarlo una tarde junto con un tentempié lo encontró tan delicioso que instituyó este ritual con sus amistades.

La expansión del té

En 1810 los chinos empezaron a cultivar té en la isla de Formosa, en el actual Taiwán. Una década más tarde, el mayor Robert Bruce y su hermano descubrieron en Assam, al nordeste de la India, grandes matorrales de té que crecían naturalmente e instauraron la industria del té en la entonces colonia británica, que pronto incluyó la región de Darjeeling.

En otras latitudes llegó de una manera más azarosa. En Ceilán, actual Sri Lanka, el cultivo intensivo de té vino propiciado por una plaga en los cafetales —entonces era el segundo productor de café del mundo— que asoló todas las plantaciones de la isla.

En cada país el té ha tenido una implantación diferente, con numerosas variaciones locales. Los magrebíes, por ejemplo, que heredaron el té de los ingleses, tienen como bebida nacional el té a la menta. Se sirve en un vaso de cristal con bastante azúcar, acompañado de pastelitos de miel. El protocolo establece que el anfitrión debe tomar un mínimo de tres vasos de té, de los cuales el último es más fuerte que los precedentes.

En 1900, con la inauguración del transiberiano, el té dejó de transportarse en camellos de Pekín a Rusia. Y c uatro años más tarde, Richard Blechyden presentó en la Exposición Universal de San Louis un refrescante invento: el té helado.

Los colores del té

El té es una planta de la familia de las camelias; de ahí le viene el nombre botánico de *Camelia Sinensis*. Ésta es la variedad china, porque en el nordeste de la India tenemos una segunda variedad, la *Camelia Assamica*, que fue descubierta en el siglo XIX. El arbusto del té tiene hojas finamente serradas, con numerosas glándulas oleosas. Las flores son blancas y desprenden una delicada fragancia.

El cultivo requiere zonas cálidas y húmedas y se considera que su calidad es superior cuando crece a mayor altitud, aunque también intervienen factores como el clima, la tierra, el modo de recolección y su posterior procesamiento.

La práctica totalidad de los tés se elabora a partir de hojas jóvenes. Cuando el arbusto alcanza la madurez necesaria, se realiza la recolección a mano. Para los tés de mayor calidad sólo se toma la hoja más alta y las dos siguientes.

Acto seguido tiene lugar el secado. Las hojas se extienden y se dejan marchitar hasta que son lo bastante flexibles para enrollarlas sin que se rompan. Es precisamente durante el secado y enrollado que las hojas liberan las sustancias que les otorgan su color y aroma característicos.

El bosque gigante

En 1939 se descubrió en la provincia de Yunnan, al sudoeste de China, una inmensa área de árboles de té que crecían en estado salvaje. Alguno superaba los 30 metros de altura, con troncos de un metro de diámetro. Se ha estimado que su antigüedad es de unos 1.700 años.

Té negro
Té verde
Pu-erh
Sencha
Darjeeling
badamtan
Genmaicha
Lapsang souchong
Hajua
Caravan
Matale
Formosa gunpowder
Jazmín mandarina

Mil y una noches — Oolong — Taj Mahal — Lima japonesa

Frutas del bosque — Mezcla del monje — Rose congou — Earl grey

Tés clásicos y modernos

La costumbre de aromatizar delicadamente el té existe desde hace muchos años; sin embargo, los tés afrutados son más recientes y a menudo están más cerca de las tisanas e infusiones. Lo ideal es elegir siempre tés con aromas y esencias verdaderamente naturales, como los fotografiados en esta página.

Dream tea — Especias chinas

Té verde

Se obtiene poniéndolo a secar para eliminar la humedad de la hoja, con lo cual se inhibe la fermentación. Es el más consumido en China y Japón. Junto con el té blanco, es el que ha demostrado tener más virtudes terapéuticas.

El té verde suele ofrecer un aroma más delicado y herbal que el resto. Tiene muy poca teína —o cafeína*—; según las variedades, su contenido oscila entre 8 y 16 mg por taza. En comparación, una taza de café exprés puede superar fácilmente los 200 mg de cafeína. Veamos algunas de las variedades más apreciadas:

- **Bancha**. Emparentado con el Sencha, aunque de menor calidad, es el té más común en Japón. Muy bajo en teína.
- **Genmaicha**. Té verde con arroz tostado; es muy consumido por los japoneses durante las comidas.
- **Gunpowder**. Un té chino de fuerte sabor, motivo por el que también gusta a los bebedores de té negro. A menudo se presenta en hojas comprimidas en forma de pequeña bola.
- **Kokeicha**. Té de tres años muy apreciado en Japón. Se obtiene tostando cuatro veces las ramitas más finas. Se pulveriza y prensa en forma de finas agujas.
- El **Kukicha**, compuesto por los tallos de las hojas del té, da una infusión amarillenta, de pronunciado sabor y con poca o muy poca teína.
- **Lung ching**. Es el *Ling ching* («manantial del dragón»). Procede de los lagos de Hangzho, en China. Es célebre por su color esmeralda y dulce sabor.
- **Matcha**. Té verde pulverizado que se utiliza en la ceremonia japonesa del té; proporciona una infusión color jade, rica y astringente.
- **Sencha**. Un clásico japonés. También lo hay en versión desteinada.

Té mu. El llamado *té* mú no contiene hoja de té; se trata de una mezcla singular de 16 plantas y especias recuperada en las últimas décadas a partir de una antiquísima tradición oriental. Posee un sabor muy personal y es un gran digestivo Se cuentan auténticas maravillas acerca de su poder reequilibrador (ver pág. 159).

* Como alcaloide del café, la cafeína es una sustancia muy similar a la teofilina del té. «Teofilina» es el término académico comúnmente empleado y que se ha popularizado como «teína».

Té negro

Se obtiene después de un proceso de oxidación. Las hojas recién recolectadas se extienden en habitaciones húmedas para que fermenten. Este tratamiento se prolonga entre 3 y 5 horas según la variedad, adquiriendo su característico tono verde oscuro o negro.

El té negro tiene un sabor fuerte —más cercano al café— y puede combinarse con leche. Su nivel de cafeína es muy superior al del té verde. Cada taza contiene entre 25 y 100 mg, según el grado de fermentación.

Entre las variedades más populares de té negro están:

• **Assam**. Un té de mucho cuerpo y color tostado. La *Camelia Assamica* —es una planta diferente de la *Sinensis*— se cultiva en el nordeste de la India.

• **Ceilán**. El antiguo nombre de Sri Lanka designa un té negro de carácter delicado y aromático. Se comercializa a menudo en forma de bolsitas.

• **Darjeeling**. Denominado «el champagne de los tés» por su delicado y fragante sabor. Se cultiva en las pendientes de los Himalayas indios. También se comercializa desteinado.

• **Earl grey**. Mezcla clásica británica a base de té negro aromatizado con bergamota. Es una de las variedades más consumidas en bolsita.

Las hojas del cielo

El valle de Darjeeling se encuentra al noroeste de la India, en la frontera con el Nepal. Las 87 plantaciones de esta región cuentan ya con 125 años de historia. La planta se cultiva en elevaciones que oscilan entre los 600 m y los 2150 m, en laderas muy inclinadas que permiten drenar las generosas lluvias monzónicas.

El té que crece en esta región tiene una calidad incomparable, con un bouquet a medio camino entre las uvas dulces y los melocotones maduros. Entre abril y mayo se recoge el llamado *First Flush*, tés muy jóvenes que dan una infusión clara. La segunda cosecha, o *Second Flush*, tiene lugar entre julio y agosto, y da una infusión brillante de sabor más intenso. Se considera ideal para la sobremesa.

• **English breakfast**. Creado por un comerciante del siglo XIX, suele designar a un té negro lo bastante fuerte para despertarse por la mañana.

• **Keemun**. Del chino, «montaña del león». Este té de excepcional calidad se cultiva en las brumosas montañas de Anhui. Su aroma recuerda a la orquídea.

• **Kenia**. De color brillante y aroma intenso, es uno de los negros con más cuerpo. Se cultiva a gran altura en el país africano y suele comercializarse en polvo.

• **Lady grey**. Recibe este nombre una versión más afrutada —y femenina— del *Earl*. Además de bergamota, está aromatizado con pétalos de rosa y corteza de naranja.

• **Lapsang souchong**. Este té chino de cuerpo rotundo tiene un característico sabor ahumado, debido al secado de las hojas en un fuego de leña.

• **Samovar**. Mezcla muy popular desarrollada en Rusia a partir de té negro chino, con un ligero matiz ahumado.

• **Sumatra**. Ligeramente dulce, es un negro fuerte de sabor intenso. Se cultiva en la isla indonesia del mismo nombre.

Té azul

Éste es el nombre que reciben los tés semifermentados, también llamados Oolong. En lugar de completar la oxidación, a mitad del proceso se detiene la fermentación —normalmente a las dos horas— para obtener un tipo de té a medio camino entre el verde y el negro. Muy popular en Taiwán, tiene un sabor equilibrado y combina características de verdes y negros. Su contenido en teína depende de cuándo se interrumpe la fermentación (entre 10 y 55 mg por taza).

Té amarillo

Las hojas de estos tés se dejan madurar en lugar de fermentar. Son variedades que difícilmente se encuentran en los comercios. El té *amarillo* toma ese color una vez infusionado. Posee un cuerpo definido y bastante singular que puede llegar a ser un poco agrio. De fresca fragancia, deja la boca limpia y seca. Al beberlo, su sabor entre dulce y amargo queda instalado en la punta de la lengua.

El Chün shan yin chin está considerado el mejor y más valioso de los tés amarillos. El Mao chien y el Huang ta ch'a son otras variedades apreciadas.

Té rojo

Hay cierta confusión en torno a lo que se conoce popularmente como «té rojo». Los chinos llaman así al *Pu-erh*, una variedad que sólo crece en la región de Yunnan a partir de té verde húmedo que se fermenta para oscurecerlo. Este «té del Emperador», llamado así porque originalmente se reservaba sólo a los altos mandatarios chinos, es muy utilizado hoy en día en algunas dietas por sus cualidades como «devorador de grasas».

A veces también se habla de «té rojo» al designar el Rooibos, una planta sudafricana de dulce sabor y virtudes tonificantes y terapéuticas, pero que pertenece a una especie botánica que nada tiene que ver con el té.

Más información sobre el té Pu-erh y el Rooibos en la bibliografía, pág. 168.

Té blanco

Se cultiva en contados lugares de China. Está ligeramente fermentado y da una infusión de color muy pálido. En algunas plantas, las hojas parecen tener un vello blanco. Los brotes se recogen sólo durante dos días en primavera y se cosechan a mano. Se necesitan unos 80.000 brotes para producir apenas 250 g de té; éste es el motivo de que su precio sea tan elevado.

La leyenda del té blanco

La tradición popular cuenta que en la antigua China este tipo de té era recolectado exclusivamente por doncellas con tijeras de oro, y que sólo el emperador tenía derecho a degustarlo. Asimismo, el lugar donde estaban estos jardines sagrados era un misterio, y los pocos que lograban descubrirlo lo pagaban con su vida. El *Pai Hao Yin Chin* es un cuento de hadas sobre uno de estos tés blancos.

En Fujian hubo una vez una sequía tan grave que impidió cosechar nada durante muchas estaciones. Luego una plaga hizo estragos y mucha gente murió. La situación empeoraba y los ancianos recomendaron ir a buscar una planta sagrada que crecía al lado del pozo de un dragón, en una montaña cercana. El jugo de esta planta, decían, devolvería la fertilidad a la tierra y curaría a los enfermos.

Muchos jóvenes valientes de Fujian fueron a las montañas en busca de la planta sagrada, pero ninguno regresó, porque el pozo estaba guardado por un fiero dragón negro. Dos hermanos y una hermana decidieron salir en su busca. El mayor fue el primero en ir, pero no regresó. El segundo partió y corrió la misma suerte. Finalmente, la hermana pequeña se decidió a salir en busca de sus hermanos y de la planta. Al llegar se encontró con que el dragón había convertido a los hombres en piedra. Gracias a su astucia consiguió robar la planta al dragón y matarle con una flecha. Con algunas gotas de la planta sagrada devolvió a los hombres a la vida y regresaron todos al pueblo, donde plantaron las semillas. La tierra volvió a ser fértil y los enfermos sanaron.

Desde aquel día, todas las plantas de Fujian, provincia a 6.000 metros de altura donde se cultiva actualmente el té blanco, fueron de té.

El té blanco tiene un sabor y aroma mucho más suaves que el resto de tés, y es el que menos teína contiene: alrededor de 1 mg por taza. Es muy apreciado por sus propiedades terapéuticas, ya que su poder antioxidante triplica el del té verde. Las variedades más conocidas son el Shou mei, el Pai hao Yin chin y el Pai mu tan.

Tés aromatizados

Normalmente se elaboran a partir de hojas de menor calidad. En las tiendas occidentales se encuentran mayoritariamente mezclas a partir de té negro, aunque hay algunas clásicas con té verde como el de jazmín —muy apreciado por los chinos— o el de lima japonesa.

Los gourmets del té prefieren siempre las variedades puras, pero en caso de consumirlas con algún acento aromático, optan preferentemente por las flores.

La fragancia de éstas se incorpora a las hojas de té durante el proceso de elaboración.

Es esencial conseguir un equilibrio entre el té y las flores para que su perfume no acabe ocultando el sabor natural del té. Según los expertos, el aroma de las flores debe ser un 30 %, y el del té, el 70 % restante. Asimismo, la flor elegida dependerá del tipo de té. Las variedades de sabor más fuerte permiten la incorporación de fragancias más concentradas.

Las flores más utilizadas son el jazmín, la rosa, el lichi y el loto.

Propiedades terapéuticas

Ya nadie pone en duda los numerosos beneficios para la salud del té, en especial del té verde, y su relación directa con el elevado índice de longevidad en algunas regiones de China y Japón.

Además de su suave acción estimulante, el consumo regular de té repercute de manera muy positiva en el organismo. Los diez puntos que siguen resumen las fabulosas propiedades de este aliado natural de la belleza y la salud:

1. Frena el envejecimiento

Los radicales libres atacan las células oxidando las membranas, lo cual daña el ADN y provoca el envejecimiento general del organismo. Los polifenoles y las catequinas presentes en el té verde tienen una acción antioxidante veinte veces más potente que la de la vitamina E.

2. Protege contra el cáncer

Numerosos estudios muestran que el consumo de té verde en Japón —de 5 a 6 tazas diarias por persona— está estrechamente vinculado a la baja incidencia del cáncer en comparación con los países occidentales. Se cree que los taninos y catequinas protegen las células de procesos que las deterioran.

3. Mantiene a raya el colesterol

Los niveles altos de colesterol se asocian a innumerables enfermedades, entre las que destacan las afecciones cardíacas. Las catequinas del té verde controlan, en

Los números del colesterol

Los niveles de colesterol en nuestro organismo se miden en miligramos por decilitro de sangre. Si el HDL es bajo o el LDL demasiado alto, el riesgo de sufrir una enfermedad cardiaca aumenta. El nivel de colesterol en nuestro organismo se detecta a través de un análisis de sangre.

Índice de riesgo	HDL	LDL
Bajo	Más de 65	Menos de 130
Medio	35-64	130-159
Alto	34 o menos	160 o más

este sentido, el exceso de «colesterol malo» en la sangre. El té es, como veremos, un gran aliado de nuestro sistema circulatorio.

4. Combate la hipertensión

Experimentos realizados en laboratorio han demostrado que el consumo diario de té previene la hipertensión arterial. Las catequinas naturales del té verde y su importante contenido en vitamina E tienen que ver mucho con eso.

5. Previene las enfermedades cardiovasculares

El té es una importante fuente de vitamina E, un elemento esencial para prevenir las enfermedades cardiovasculares, ya que ayuda a disolver los coágulos sanguíneos, impide la agregación de las plaquetas y ayuda a los fagocitos en su labor.

6. Estimula las defensas del organismo

El té verde es un buen refuerzo para el sistema inmunitario gracias a las virtudes de la epigalocatequina galato (EGCg), que estimula la producción de linfocitos B y T, pequeñas células que conforman el pilar del sistema inmunitario. Los polifenoles del té verde ayudan a la multiplicación de ambos tipos de linfocitos, aumentando la respuesta inmunológica del organismo.

A menos fermentación, más catequinas

La proporción de catequinas en los diferentes tipos de té depende del proceso de elaboración al que hayan sido sometidos. El té verde, que no pasa por ningún proceso de fermentación, puede contener hasta un 30 % de catequinas, lo cual significa que tiene un poder curativo superior al de otros tipos de té, que las contienen en una proporción mucho más baja. El Oolong, semifermentado, puede llegar a contener un 20 % de catequinas como máximo, y el té negro, cuya fermentación es mayor, contiene menos de un 10 % de catequinas de su peso total en seco.

7. Protege contra la gripe

Las catequinas y las teoflavinas tienen una fuerte acción sobre el virus de la gripe, lo que aconseja su consumo especialmente en personas de edad avanzada. Algunos estudios sugieren que incluso tiene un efecto protector contra las enfermedades que propicia el VIH.

8. Tonifica el cuerpo y la mente

El té es un estimulante suave, mucho más inofensivo que el café, que renueva la energía de todo el organismo, combate el sueño y favorece las actividades intelectuales.

9. Alivia las enfermedades de la piel

Los baños con té verde, así como las aplicaciones en forma de compresas, son efectivos para tratar el pie de atleta y numerosas afecciones cutáneas.

10. Previene la caries

El té negro contiene teoflavinas que ayudan a frenar la actividad de una bacteria llamada *estreptococo mutans*, responsable de la caries. La misma función hacen las catequinas del té verde, pero éstas, además, evitan que las bacterias se adhieran a los dientes. Por consiguiente, el té verde es el que tiene el poder antibacteriano más potente, seguido del Pu-erh, el té negro y, por último, el Oolong.

Los diez beneficios del Té Pu-erh

La medicina tradicional china considera que este té rojo es un remedio de primer orden para promover la salud y adelgazar. Además de ser un gran devorador de grasas, posee tantas virtudes terapéuticas que antiguamente era conocido como el «té de los emperadores». Veamos algunas de ellas:

1. Desintoxica y depura
2. Refuerza el sistema inmunitario
3. Mitiga el mal humor e incluso las depresiones moderadas
4. Estimula la secreción de las glándulas digestivas
5. Facilita la digestión de las comidas grasas
6. Reduce el nivel de grasa en la sangre
7. Elimina el sobrepeso provocado por una mala nutrición
8. Baja el nivel de colesterol
9. Activa el metabolismo del hígado
10. Preserva el organismo de infecciones por su acción antibacteriana

Té *versus* café

Aunque tanto el té como el café contienen cafeína, existen importantes diferencias en la manera en que ambas bebidas actúan sobre nuestro organismo. Para empezar, ningún estudio ha podido concluir que el café aporte beneficios notables para la salud, y sí puede ser fuente de algunos trastornos. Sin ir más lejos, el café incrementa la proporción de ácidos grasos en la sangre, mientras que el té, particularmente el té verde, tiene incluso efectos anti-arterioscleróticos.

La cafeína del café se absorbe de forma mucho más rápida que la del té —también llamada teína—, aunque el efecto de esta última es más prolongado

El café puede provocar fácilmente insomnio, ya que estimula el corazón y acelera la circulación de la sangre. También el té —puesto que la teína afecta al sistema nervioso central— puede provocar insomnio, pero el efecto es muy diferente según se trate de té negro o verde.

La acción estimulante del té verde es mucho más suave que la del té negro, que es asimismo más agresivo con el estómago. De todas maneras, el té negro sigue siendo más digestivo que el café, y el té verde en particular es una bebida alcalina que contrarresta la acidez de estómago.

Otras plantas que contienen cafeína

Existen muchas otras plantas en el mundo, además del té y del café, que poseen cafeína. Las semillas del cacao contienen entre un 0,05 y un 0,4 % de cafeína. Las del árbol de la cola, entre un 1,5 y un 3,5 %. Otra planta con cafeína es el mate, originario del área subtropical de América del Sur, que tiene entre un 0,3 y un 1,5 % en sus hojas.

Por último tenemos el guaraná, cuyas semillas se utilizan para preparar una pasta que contiene entre un 4 y un 8 % de cafeína que luego es utilizada para la elaboración de bebidas estimulantes.

Cafeína bajo control

Según los médicos, el consumo de cafeína no debería superar los 200 mg diarios. La tabla siguiente indica los miligramos de cafeína por taza o vaso.

Bebida	
Café (de cafetera de filtro)	115
Café instantáneo	80
Café descafeinado	3
Té verde	15
Té negro	40
Mate	31
Solución de cacao	4
Refresco de cola	20

Cómo controlar la teína

Es posible regular el nivel de teína en el momento de preparar el té. Según el tiempo de reposo de la infusión, podemos determinar lo estimulante que será la bebida.

Dado que la teína o cafeína es una sustancia que se disuelve bien en agua caliente, si dejamos que la infusión repose uno o dos minutos, esta sustancia quedará rápidamente concentrada en el agua, dando como resultado una infusión con un alto contenido en teína pura, que pasará al organismo de manera rápida.

En cambio, si dejamos reposar la infusión más tiempo, entre cuatro y diez minutos, el aroma del té será más fuerte, pero la teína tendrá menos incidencia directa sobre el organismo. Esto es debido a que los taninos habrán tenido tiempo de disolverse en el agua, retrasando la absorción intestinal de la teína.

Té y deporte

Por sus propiedades energéticas y revitalizantes, el té verde es la bebida perfecta para tomar antes, durante y después del ejercicio. Su suave acción estimulante —sin llegar a producir excitación nerviosa— promueve la agilidad mental, lo que repercute en la concentración, la motivación y la resistencia, incluso en actividades que duran horas.

En el plano estrictamente físico, el té incrementa el tono vital gracias a la combinación de sus ingredientes activos, con una alta proporción de vitamina C y otras vitaminas.

Como bebida isotónica, si se le añaden unas gotas de limón es muy efectiva para apagar la sed del deportista. Es recomendable endulzar la bebida con miel o sirope de arce, si no se quiere tomar solo, para no desequilibrar los niveles de azúcar en la sangre durante el ejercicio.

Té verde durante la menopausia

Muchas mujeres viven los cambios hormonales que se producen en la menopausia con angustia e inquietud, lo cual deriva a menudo en altibajos del estado de ánimo.

Té verde durante el embarazo

Durante la gestación se suelen tomar preparados vitamínicos y suplementos minerales, con especial atención al hierro. Además de una dieta sana, durante el embarazo muchos especialistas recomiendan cambiar del café al té verde. Si comparamos ambas bebidas, nos encontramos con que el café dificulta, e incluso bloquea, la absorción de hierro y otros minerales, mientras que el té verde aporta al organismo una importante dosis de hierro y zinc.

El té también promueve la energía y el optimismo. Sin embargo, no hay que olvidar que la mujer embarazada suele ser más sensible a la cafeína. Por consiguiente, para evitar problemas de insomnio, es aconsejable seguir los consejos que se citan a continuación antes de tomar té por la tarde o noche.

- Es preferible optar por el té verde, ya que su contenido en teína es muy inferior a los tés fermentados.
- El té Bancha es otra opción especialmente saludable, pues contiene todos los ingredientes activos importantes para la salud y mucha menos cafeína.
- Un truco para reducir la teína: se vierte un poco de agua hirviendo sobre las hojas de té secas y se cuela al cabo de 30 segundos. Después de este paso, el té se puede preparar como de costumbre.

Precauciones para los bebedores de té

1. Los niños menores de dos años no deberían beber té, ya que interfiere en la absorción del hierro y puede causar anemia.

2. No hay que beber té muy concentrado si no es con fines medicinales específicos.

3. Debe esperarse unos instantes para beber la infusión. Es fácil quemarse con un té recién preparado.

4. El té frío impide una buena digestión.

5. No hay que beber té del día anterior recalentado.

6. Para disfrutar de sus propiedades, el té debe prepararse con agua de buena calidad.

7. No hay que beber té después de comer cordero, ya que lo endurece en el estómago y provoca estreñimiento.

8. Si se sufre de úlceras de estómago, es mejor no tomar té, ya que puede interferir en la absorción de nutrientes.

9. Un consumo excesivo de té puede estresar los riñones por su poderoso efecto diurético.

10. Si se tiene el estómago delicado, el té en ayunas puede provocar náuseas, vómitos y dolores de barriga.

11. El té contrae los músculos del estómago. Si se toma demasiado antes de una comida, quita el apetito.

12. No es aconsejable beber té menos de una hora antes y después de la toma de medicamentos.

13. Las mujeres que toman la píldora anticonceptiva no deberían beber el té muy fuerte.

14. Durante la menstruación, el té puede incrementar el flujo de sangre.

15. Las personas hipertensas no deben beber té demasiado concentrado, ya que hace subir la tensión.

La bajada del tono vital lleva a muchas mujeres a un mayor consumo de café, lo cual dificulta la absorción de muchos elementos necesarios para el organismo —como el calcio o el hierro— y no contribuye a mejorar su estado emocional.

El té verde contiene ingredientes activos que pueden ser de vital importancia durante este período. Estudios recientes han demostrado que algunas sustancias que se encuentran en el té complementan, e incluso superan, los de la vitamina E, que ayuda a ralentizar el proceso de envejecimiento. También en el nivel emocional su efecto es muy beneficioso.

Por todo esto, el té verde es considerado por los especialistas una ayuda inestimable para la salud y el bienestar durante los años de la menopausia.

El té verde y las dietas

Cada año surgen decenas de nuevas dietas adelgazantes. Y, sin embargo, en muchas de ellas los perjuicios para el organismo son superiores a los hipotéticos beneficios.

La mayoría de dietas se basan en una alimentación insuficiente o desequilibrada, ya que están pensadas con un único objetivo, bien sea adelgazar o beneficiar un órgano específico.

El té verde, en ese sentido, es un acompañante de lujo para cualquier dieta, ya que sus vitaminas y elementos esenciales, además de su carácter energético, lo convierten en el suplemento ideal.

Por estos motivos, cuando uno se dispone a realizar un ayuno es conveniente pasarse al té verde y renunciar al té negro o al café.

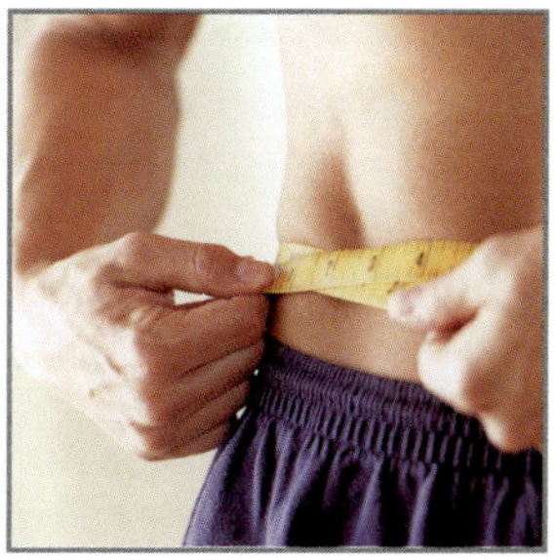

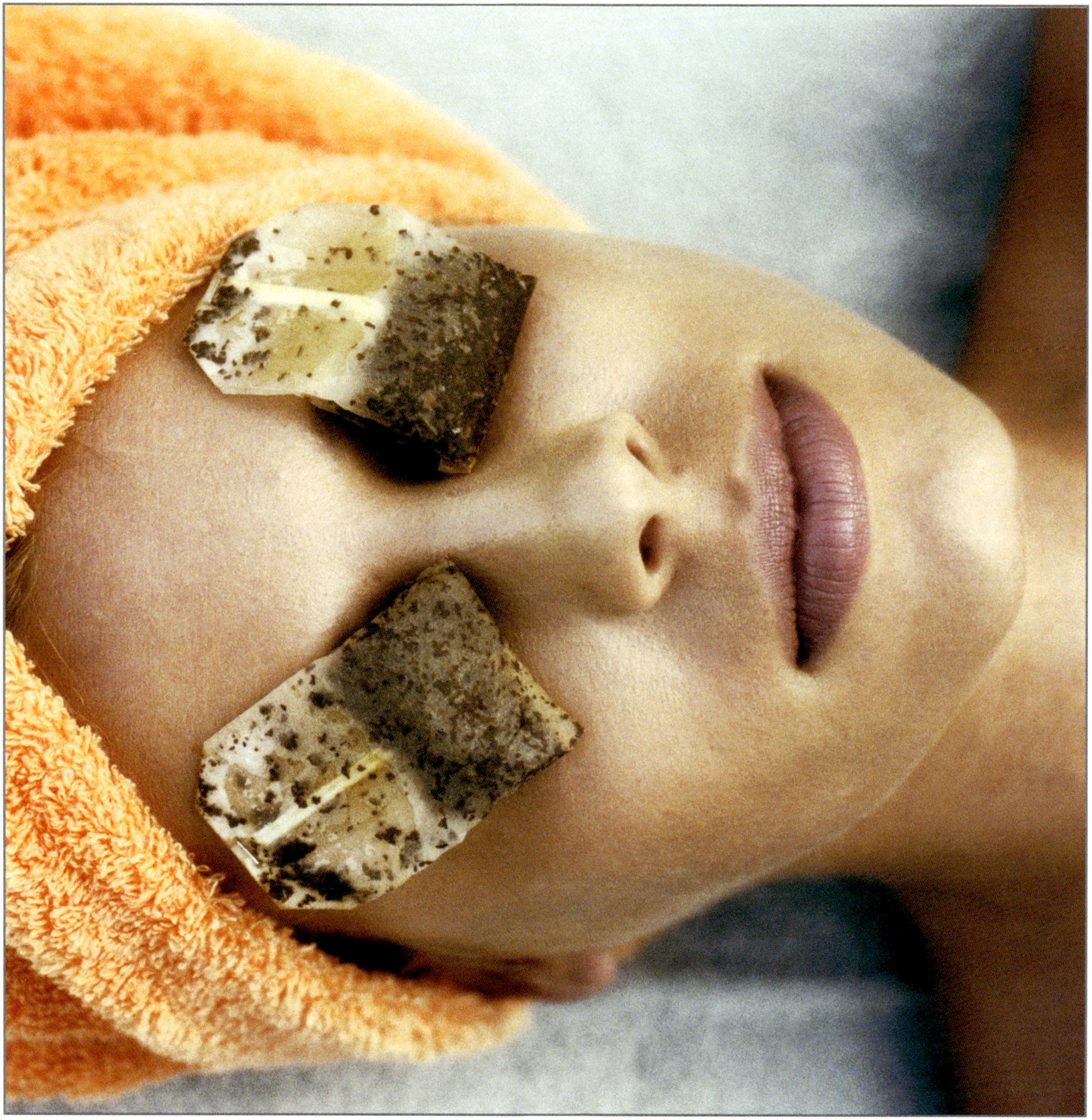

Otros usos domésticos

Aunque el té se conoce fundamentalmente como infusión, es una planta de extraordinarias propiedades que puede tener muchos otros usos. Vamos a ver doce interesantes propuestas para los admiradores de la *Camelia Sinensis.*

Baño de té

Para un baño revitalizante y purificador, se pone un puñado de hojas de té verde ya hervidas en una bolsita de rejilla, se ata bien y se sumerge en el agua caliente. También pueden emplearse bolsitas de té usadas.

Alivio ocular

Para calmar y refrescar los ojos cansados, puede aplicarse, entre cinco y diez minutos, una bolsita de té usada (húmeda y tibia) para cubrir cada párpado.

Limpieza bucal

Hacer gárgaras con té verde ayuda a combatir el mal aliento y mata las bacterias que se instalan en la boca. El flúor natural del té contribuye, además, a reforzar el esmalte de los dientes y previene afecciones como la gingivitis. No es necesario utilizar una primera infusión para este uso; puede disfrutarse de las dos primeras para el paladar y hervir las hojas por tercera vez para la limpieza bucal.

Saquitos de té

En Oriente se utiliza el denominado *chagara* —hojas viejas de té verde— para elaborar saquitos aromáticos. Para su mantenimiento, se recomienda refrescar los saquitos al aire libre una vez por semana. El sutil aroma del té favorece la relajación y ayuda a dormir.

Incienso

Sea en forma de barrita, en cono o como aceite esencial, el té verde tiene un delicado y agradable aroma que promueve la armonía y la concentración. No debe confundirse con el aceite del «árbol de té», que está indicado para otros usos, por ejemplo como un notable desinfectante.

Preparación de pescados y carnes

Si se lava con té antes de freír, se reduce el fuerte olor del pescado, además de eliminar las bacterias. Éste es el motivo por el que los japoneses beben té con el sushi o sahimi, el pescado crudo. Asimismo, al cocer cerdo en té —incluyendo las hojas— se reduce el nivel de grasas y colesterol de la carne.

Ambientador de nevera

Un saquito con hojas secas de té verde —*chagara*— ayuda a eliminar los malos olores que a veces se producen en las neveras. Sin embargo, el refrigerador no es un buen lugar para almacenar té para su consumo, ya que su delicado aroma puede impregnarse de los olores de otros alimentos.

Limpieza de la tabla de cocina

Un problema común de la madera sobre la que cortamos los alimentos es que, especialmente con la carne y el pescado, es difícil eliminar el olor, que persiste incluso después de lavar la tabla con jabón.

El té verde es muy útil en estos casos: una vez usada la madera puede frotarse con *chagara* húmedo y dejar una capa de hojas durante unos minutos. Luego se retiran las hojas y se aclara con agua. Por otra parte, el licor de té también sirve para limpiar tablas de cocina y otros utensilios.

Belleza natural con el té verde

Últimamente el té verde se utiliza en muchos productos de belleza para combatir las huellas del paso del tiempo y el deterioro provocado por los rayos UVA, ya sea como ingrediente principal o combinado con otros productos naturales. En muchas tiendas de cosmética se pueden encontrar los siguientes preparados a partir de esta planta:

— Limpiadores faciales
— Cremas y lociones hidratantes
— Cremas de protección solar
— Tónicos y mascarillas corporales
— Champús, tintes y otros productos para el cuidado del cabello
— Perfumes

Para los amantes de los remedios caseros, lavarse la cara con té verde ayuda a limpiar las impurezas y los puntos negros. También es bueno para el pelo: si se añade en el último aclarado, le confiere suavidad y brillo.

Prevención del óxido

Un secreto que conocen los cocineros orientales: frotar los cazos y sartenes con *chagara* previene la oxidación de los utensilios de cocina, ya que el tanino del té se adhiere al acero creando una fina película protectora en la superficie.

Limpieza de alfombras

Dado que el té tiene la capacidad de absorber los olores desagradables, podemos utilizar *chagara* para desodorizar y eliminar las bacterias de las alfombras. Antes de pasar la aspiradora, se espolvorea la superficie con hojas secas de té verde y se deja reposar unos minutos. Todo lo que hay que hacer después es pasar la aspiradora, que absorberá junto con el polvo las hojas de té. Además de limpiar la alfombra, el suave aroma que persiste refrescará la habitación.

Contra los mosquitos

Una buena noticia para los que sufren las plagas de aguijones de cada verano: las hojas de té quemadas ahuyentan a los mosquitos. Podemos poner unas cuantas hojas secas en un quemador de inciensos y prenderles fuego para que humeen durante unos minutos.

Abono para plantas

El té usado es un excelente abono para todo tipo de plantas, ya que posee valiosos nutrientes orgánicos. Incluso si utilizamos bolsitas, podemos enterrarlas enteras en la maceta.

El té en casa

Secretos de su preparación

Los maestros de té del Japón ancestral llegaban a una comunión tal con la preparación de esta infusión que prácticamente fluían con cada uno de los movimientos. Contra el complejo protocolo de la ceremonia del té —que veremos en el próximo capítulo—, Rikuyu, uno de los maestros más celebres, decía:

El té no es otra cosa que esto:
Hacéis hervir el agua
Hacéis infundir el té
Y os lo bebéis...
Esto es todo lo que hay que saber.

En este capítulo veremos cómo podemos llevar a cabo este sencillo proceso para gozar de una infusión de sabor celestial.

La conservación del té

La frescura de las hojas es una condición previa para obtener una infusión de calidad. El té se impregna fácilmente de olores de otros alimentos, y su propio aroma suele ser frágil. Por lo tanto, debe almacenarse en recipientes herméticos de metal o porcelana. El vidrio no es aconsejable, ya que la luz —además de la humedad— altera las propiedades del té.

La tetera

Los expertos insisten en que la tetera nunca debería lavarse por dentro. Como mucho, podemos enjuagarla y dejarla secar. El motivo es que el jabón deteriora la fina película que se forma en el interior de la tetera —uno de los secretos de las buenas teterías— y puede además dejar residuos químicos que contaminen el sabor de la infusión.

Asimismo, es importante que la tetera se utilice exclusivamente para servir té. Los gourmets recomiendan incluso tener tres teteras diferentes: una para tés clásicos, otra para tés ahumados y otra para los aromatizados.

Las tazas

Para apreciar el color de la infusión, lo mejor es optar por tazas de porcelana blanca —o crema pálido—, o bien vasos transparentes como los que se utilizan en los países árabes para el té a la menta.

El agua

Otra de las claves del té es el agua que se utiliza para obtener la infusión. Se recomienda utilizar sólo agua mineral para que las hojas de té puedan desarrollar todos sus matices.

El primer secreto del té

—¿Es la primera vez que viene al país del té, señor Stowe?

—E incluso la primera vez que visito China.

—Entonces, debo revelarle el primero de los tres secretos del té —dijo Wang.

Dio una palmada y de inmediato acudió un criado portando una bandeja de plata en la que estaban dispuestas tres tazas de té humeante.

Charles Stowe tomó una y se la llevó a los labios. La infusión le pareció deliciosa.

—¿Es el té que produce usted? —preguntó.

(...) —Y aún existen mejores tés. Pero el agua que ha servido para hacer éste es la más pura de todo el Imperio.

Se levantó y se dirigió hacia la fuente de jade. Llenó un vasito de agua y se lo alargó a Charles Stowe. Éste bebió un sorbo. Era un agua purísima. El inglés miró la fuente y preguntó:

—¿De dónde proviene esta agua?

—De un manantial de las montañas. Éste es el primer secreto: si el agua no es excelente, tampoco lo es el té.

Maxence Fermine, *Opio*

Las tres infusiones

Las hojas de té verde pueden emplearse hasta tres veces. De hecho, algunos expertos aseguran que la segunda es la mejor. Opinan que la primera infusión es demasiado fuerte y la tercera, demasiado ligera.

A partir de la segunda infusión, las hojas —ya tiernas— deben reposar sólo la mitad de tiempo. En todo caso, la segunda o tercera infusión debe realizarse dentro del mismo día, ya que un tiempo superior altera las propiedades naturales de las hojas de té.

Cinco reglas de oro

1. **Calentar la tetera.** Basta con llenarla de agua caliente antes de poner el té. En invierno también pueden calentarse las tazas. Es una operación esencial, ya que así se recalentarán las hojas de té y podrán liberar todo su aroma durante la infusión.

2. **Poner una cucharadita rasa de té por taza + una para la tetera.** Acto seguido se tapa la tetera y se deja reposar el té unos tres minutos dentro de la tetera. Existen muchos filtros para este uso —de porcelana, barro, acero—, pero el más adecuado es el de tela.
   Los expertos desaconsejan las bolas perforadas que se sumergen en la tetera o en la taza, ya que aprisionan el té y no permiten que las hojas se desarrollen durante la infusión.

3. **Verter el agua antes de que hierva.** O, si ya ha hervido, tendremos que esperar a que las burbujas desaparezcan para llenar la tetera con el agua. De hecho, los puristas dicen que jamás debe utilizarse agua que ya haya alcanzado el punto de ebullición. Incluso existen calentadores eléctricos que se detienen automáticamente a los 95 ºC.

4. **Dejar reposar de dos a cinco minutos**. Este último es el tiempo máximo que las hojas pueden estar en contacto con el agua, siempre que se quiera una infusión amarga —o astringente— con un índice menor de teína, aunque su efecto dura más tiempo. Si se deja reposar sólo dos minutos, en cambio, se obtiene una infusión más estimulante, de sabor ligero y aromático.

5. **Llenar las tazas en dos tiempos**. Después de retirar el agua caliente —si hemos precalentado las tazas—, se vierte primero un poco de té en cada taza y en una segunda ronda se llenan hasta cerca del borde. De este modo se consigue que todas las tazas tengan un mismo sabor y calidad.

Trucos para eliminar la teína

Se ha estimado que aproximadamente el 80 por ciento de la teína —o cafeína— se libera en los primeros 30 segundos de infusión.

Por lo tanto, las personas especialmente sensibles, o que quieran tomar un té por la tarde sin desvelarse, pueden seguir este sencillo procedimiento:

1. Verter agua hirviendo sobre las hojas de té.
2. Dejar las hojas en infusión durante 30 segundos.
3. Retirar el agua, conservando las hojas pre-infusionadas.
4. Preparar el té siguiendo el método tradicional.

Té frío

Para el té frío suele emplearse té negro aromatizado con melocotón o limón, aunque existen innumerables recetas al gusto de cada uno. Su preparación es muy fácil: se hace una infusión el doble de fuerte de lo normal y se deja reposar doce horas en la nevera.

El té frío suele tomarse dulce, así que completaremos la infusión con azúcar moreno o sirope de arce.

Ceremonia del té

Hace mil años

El origen de la ceremonia japonesa del té se remonta a un milenio atrás aproximadamente, cuando los nobles japoneses incorporaron esta bebida a sus ritos mundanos. Además de competir entre ellos en cuanto a la calidad y belleza de los utensilios, que revelaba el estatus social de una familia, elaboraron una larga y compleja ceremonia denominada *Cha no yu* o «Vía del té».

El ritual, cuyo espíritu ha sobrevivido hasta nuestros días, empezaba con la bienvenida silenciosa que brindaba el anfitrión a sus invitados desde la puerta del jardín.

Muchos nobles tenían una casita de té separada de la vivienda para esta ceremonia, decorada con un centro de flores sencillas que no debían tapar el cesto que las contenía.

Una vez reunidos, se encendía el fuego y se ofrecía a los invitados una comida ligera a base de sopas, legumbres y dulces. Terminada la comida, se retiraban los platos y los comensales se aseaban la boca y las manos.

Acto seguido, el anfitrión ponía tres cucharadas de té verde en polvo en un bol y añadía un poco de agua caliente.

Cuando la masa estaba ya bien ligada, el anfitrión ofrecía el recipiente al huésped de honor, que apoyaba el bol en la palma de la mano izquierda y lo sujetaba con los dedos de la derecha.

Tras el primer sorbo, era costumbre que el anfitrión preguntase al huésped de honor su opinión sobre el té servido y que éste, a su vez, se interesara por el origen y variedad de la planta. Después, el huésped de honor pasaba el bol al resto de invitados.

Cuando todos los comensales habían probado el té, lo cual tenía lugar en el silencio más absoluto, la ceremonia concluía.

Aquí y ahora

Este bello ritual persiste, si bien de otra manera, en el Japón actual y tiene unos códigos muy rigurosos. En la conversación, por ejemplo, no se habla de política ni de otros temas que puedan dar lugar a polémica o incomodar a los invitados. Asimismo, el anfitrión y los invitados deben abstenerse de alabar a ninguno de los presentes.

Las casas de té están decoradas con extrema austeridad, primando la elegancia de las formas sobre los detalles irrelevantes. El silencio, la armonía de los colores... la atmósfera en general es esencial para llevar a cabo este rito de rescatar la calma al final de un día ajetreado.

El orientalista francés y profesor de yoga Henri Brunel escenifica con gran maestría en uno de sus libros el espíritu del *Cha no yu*. Antes, sin embargo, resume así los ingredientes necesarios para llevar a cabo la ceremonia del té:

- Un lugar modesto y apacible
- Acoger el momento
- Trato agradable y tranquilo con los amigos
- Cuidado y amor aportados a la preparación del «elixir dorado»: el té
- Contemplación de objetos simples y hermosos
- Silencio

El kaiseki

La ceremonia del té conllevaba tradicionalmente medio día para cumplir todas las fases: la comida, una infusión espesa y, a continuación, una infusión más diluida. Entre estos «tres platos», los invitados solían relajarse en el jardín o en un

espacio diseñado para este fin. Las pausas eran aprovechadas por el anfitrión para sustituir algunas obras de arte de la sala por otras, de modo que los invitados pudieran contemplarlas cuando se reprendiera el ritual.

Asimismo se arreglaban nuevamente las flores y se avivaba el fuego, un proceso que recuerda la máxima: «Cambiarlo todo para que nada cambie».

El término *kaiseki* —la comida que se sirve durante la ceremonia del té— designaba originalmente las piedras planas, calentadas al fuego, que los monjes zen apoyaban en su estómago para calmar el hambre durante las largas horas de meditación. Actualmente hace referencia a las pequeñas delicias que se ofrece a los invitados antes de la infusión.

Un kaiseki típico puede consistir en arroz, caldo con limón, pescado a la parrilla con jengibre, ensalada de algas con huevas y setas al vapor. Esta comida suele acompañarse con sake, el vino de arroz japonés. Curiosamente, el anfitrión nunca bebe ni come con sus invitados durante el kaiseki, ya que debe estar atento a que la conversación sigue por los cauces establecidos para el ceremonial.

La rotación del bol

Un aspecto importante en el desarrollo de la ceremonia del té es la manera de sostener el bol en el que se sirve la infusión. Los japoneses no toman el té en una taza con asas, como los occidentales, sino en pequeños cuencos decorados con un motivo orgánico. Este puede evocar la rama de un árbol, hojas, o bien una flor, y sirve para distinguir la parte frontal del bol de la posterior.

Esta cara decorada —o más colorida que el resto— debe estar siempre frente al anfitrión mientras prepara el té, y luego se gira para que quede frente a los invitados en el momento de servirlo. Cuando estos degustan la infusión, el frontal del bol debe apuntar nuevamente hacia el anfitrión.

El cuenco se toma siempre con la mano derecha, y es esta misma mano la que realiza la rotación del bol en el curso de la ceremonia. La mano izquierda sirve sólo de apoyo.

«Imaginémonos un sendero apartado, en una montaña o en un bosque que conduce a la morada de un sabio. Ahí vemos aparecer el pabellón de té. Su construcción es simple, está hecho de madera y bambú. Aquí de lo que se trata no es de oponerse al tiempo, de deificarlo mediante una irrisoria eternidad de piedra, sino de «abrazarse» a él.

La sala en la que entramos es de superficie modesta: unos nueve metros cuadrados (dos esteras y media); tres o cuatro amigos cabrán cómodamente. Una pintura zen, un ramo de flores del campo por todo adorno. El hogar de carbón, de madera, el hervidor de hierro redondo cubierto de pátina, el recipiente de agua, el cucharón de bambú, un trapo blanco inmaculado, los botes de té, los boles tradicionales corrientes.

El maestro de té lleva a cabo los gestos rituales con eficacia, lentitud, cuidado y amor. La conversación va transcurriendo, apacible; se habla de poesía, de historia, de arquitectura. Muy suavemente se va apagando el ligero ruido de las voces, y todos contemplan en silencio los boles familiares, una flor del campo; se oye a lo lejos el canto de un pájaro.

El tiempo se encuentra en suspenso; armonía, serenidad.»

Henri Brunel, Los más bellos cuentos zen, Ed. J.J. Olañeta

¿SAKE FRÍO O CALIENTE?

Este licor tradicional japonés de arroz puede servirse frío o natural, o bien calentado previamente en la jarrita al baño maría. En la mayoría de restaurantes, si el sake es de calidad, se sirve ligeramente frío, ya que los especialistas consideran que sólo el barato debe calentarse. Sin embargo, originalmente el sake se tomaba caliente, también durante la ceremonia del té. Muchas sakaguras —destilerías de sake— informan en la etiqueta de las botellas cómo debe consumirse cada especialidad.

Una vez se ha degustado el té, el bol se deja sobre la mesa y el invitado permanece unos segundos contemplativo, con los ojos posados en el fondo del cuenco.

A la hora de mover los utensilios del té rige un curioso principio: hay que trasladar los objetos ligeros como si fueran pesados, y los pesados como si fueran ligeros. Este es, según parece, uno de los secretos de la elegancia en la ceremonia del té.

El ritual del té en China

En China, el té es un elemento tan común que incluso la palabra «restaurante» en este idioma significa 'casa de té'.

Según una antigua costumbre, mucha gente sorbía el té ruidosamente, ayudándose con cucharita. Esto les permitía percibir toda la complejidad y matices del sabor, aunque actualmente casi no se practica por ser considerado de mala educación.

Los chinos contemporáneos toman el *ch'a* en pequeños sorbos de una tacita sin asa. Algunos comen las hojas de té que quedan en el fondo de la taza.

En cualquier caso, en China no se bebe té sólo para saciar la sed o para despertarse. Es un acto social de primer orden que permite charlar, cotillear o hablar de negocios. El té está presente, asimismo, en muchos rituales. Cuando se recibe a un huésped en casa, por ejemplo, es imprescindible servir una taza como gesto de bienvenida. Los ritos del té llegaron a ser un medio esencial de comunicación y socialización en China. Uno de ellos, originariamente practicado en el campo aunque se extendió a la ciudad, era el de la petición de mano. Cuando un joven estaba interesado en una joven, mandaba un mensajero a la casa de los padres de ella con hojas de té como regalo.

La familia entonces preparaba el té y, si lo bebía, significaba que daban su consentimiento para la boda. Si, por el contrario, lo dejaban intacto, significaba el rechazo del pretendiente.

De forma similar, para pedir perdón a una persona de más edad, se le ofrecía té y la manera de expresar la respuesta era la misma que en la petición de mano.

Aún en nuestros días, cuando un joven pide a un profesor de oficios artísticos o artes marciales que le acepte como alumno, se sigue el mismo ritual. Si el profesor bebe el té, significa que acepta al discípulo.

Durante la Revolución China, los diferentes grupos revolucionarios se distinguían entre sí por la manera de beber té, interpretando con las manos un complejo código de señales mientras preparaban las tazas y la tetera, así como cuando vertían y bebían la infusión.

La mayoría de hogares chinos, tanto de dentro como de fuera del país, disponen de un pequeño altar. Cada día, la familia deja allí un regalo consistente en té, frutas e incienso, en honor de sus antepasados o de los dioses y espíritus.

Bebidas y recetas culinarias

Cantidades:
Si no se indica lo contrario, las recetas son para 3-4 personas y la cantidad de agua es de 800 ml.

Infusiones y tisanas

Té verde frío con canela

Ingredientes:
5 ó 6 cucharaditas de té verde
1/2 ramita de canela
1 cucharada de miel
1 cucharadita de zumo de limón
Angostura

1. Poner en una cazuela el agua, el té y la ramita de canela cortada a pedacitos.
2. Dejar que hierva y colar.
3. Se añade la miel, el zumo de limón y unas gotitas de angostura cuando la infusión está todavía caliente.
4. Dejar en el frigorífico para que se enfríe.

FRÍO, PERO NO HELADO

El té frío se conserva bien en la nevera, pero antes de consumirlo es conveniente dejarlo unos minutos a temperatura ambiente. Las bebidas demasiado heladas repercuten negativamente en los riñones y la vejiga.
Mientras esperamos a que se «descongele» un poco, podemos adornar el té con una hojita de menta o una rodaja de limón o naranja.

Té verde frío con canela

Té de melisa, pasiflora, amapola y azahar

Té isotónico

Ingredientes:
5 ó 6 cucharaditas de té verde
1 ó 2 cucharaditas de miel
Unas gotas de zumo de limón

1. Se pone a calentar el agua en un cazo y cuando esté a punto de hervir se retira del fuego.
2. Se echa el agua sobre el té y, mientras está todavía caliente, se agrega la miel y el limón.
3. Guardar en un termo si se desea tomar caliente o en una botella de agua si se va a dejar enfriar.

Té de melisa, pasiflora, amapola y azahar

Ayuda a conciliar el sueño y asegura un buen descanso.

Ingredientes:
30 g de hojas de melisa
30 g de pasiflora
20 g de pétalos de amapola
20 g de flor de azahar

1. Se dispone la mezcla en un cazo y se hierve en el agua durante medio minuto. Se deja reposar, tapada, 10 minutos más.
2. Se cuela la infusión y se endulza con miel al gusto. Debe tomarse en pequeños sorbos después de cenar. *(Más tés y tisanas terapéuticas en pág. 108).*

Té verde a la menta

Té verde a la menta

Ingredientes:
2 puñados de menta fresca
600 ml de infusión de té verde
1 cucharada de miel
1 cucharada de zumo de limón

1. Poner en un cazo el contenido de 1 taza de té verde, la miel y la menta.
2. Cuando empiece a hervir, se deja a fuego lento durante 10 minutos.
3. Dejar enfriar, colar y añadir el zumo de limón y las 3 tazas restantes de té verde.
4. Puede servirse con hielo, adornado con una rodaja de limón y una ramita de menta.

Té de fiesta

Ingredientes:
1 l de infusión de té verde
25 g de hojas de menta
250 ml de zumo de naranja
250 ml de zumo de limón
600 g de miel de naranja
Hielo en cubitos
Rodajas de limón y de naranja

1. Se disuelve la miel en el agua, en un cazo a fuego medio, y se lleva a ebullición.
2. Añadir las hojas de menta y cocer a fuego lento durante 5 minutos.
3. Cuando la mezcla esté fría, añadir el té verde y los zumos de naranja y limón
4. Se sirve en una fuente grande con el hielo y adornada con rodajas de frutas.

Té de genciana, tomillo, saúco y amapola

Cocktail de té

Ingredientes:
300 ml de infusión de té verde
200 g de miel
250 ml de zumo de naranja
200 g de frutas frescas ya cortadas
2 botellines de Ginger Ale (cerveza de jengibre)
Hielo picado

1. Mezclamos todos los ingredientes excepto el Ginger Ale, que añadiremos antes de servir con el hielo picado.
2. Si el cocktail sale demasiado fuerte, puede diluirse con agua o con un poco más de Ginger Ale.

Té de genciana, tomillo, saúco y amapola

Un antiresfriados excelente

Ingredientes:
40 g de raíz de genciana troceada
35 g de flores y hojas de tomillo
15 g de flor de saúco
10 g de pétalos de amapola

1. Se dispone 1 cucharada sopera de la mezcla por taza.
2. Se hierve 2 minutos, se deja reposar tapada 20 minutos más y se cuela.

Se tomará en pequeños sorbos dos o tres veces al día. Alivia muy bien los resfriados y síntomas gripales. Se desaconseja a las embarazadas o madres lactantes.

Una vela en un pequeño vasito
ayuda a conservar el té caliente

Té «Chai hight»

Ingredientes:
3 rodajas de jengibre
6 clavos
1/2 cucharadita de semillas de coriandro
1 ramita de canela
3 granos de pimienta negra
1/4 de cucharadita de semillas de anís
2 1/2 cucharadas de hojas de té negro
750 ml de agua caliente
250 ml de leche
2 cucharadas de miel

1. Calentamos todos los ingredientes en una sartén tapada durante 5 ó 10 minutos, sin que se lleguen a tostar.
2. Se pone a calentar el agua y, cuando hierva, la echamos en un recipiente junto con los ingredientes.
3. Al cabo de un par de minutos se cuela este *té-chai* en una tetera antes de servir. Cubrimos la tetera con una toalla o un cubreteteras para mantener el *chai* caliente.

Descrito como «un néctar sensual», este té estimula una amigable conversación después de una buena cena. En Norteamérica también se conoce como «el té del sábado noche».

UNA VELA PARA CONSERVAR EL TÉ CALIENTE

En las tiendas especializadas venden un soporte para la tetera pensado para albergar una pequeña vela. Su cometido es mantener la infusión caliente durante varias horas. Es aconsejable no utilizar velas aromatizadas, ya que las fuertes esencias con las que está impregnada la parafina podrían estropear el delicado aroma del te.

Té verde al limón

Ingredientes:

250 ml de limonada
750 ml de infusión de té verde
Azúcar moreno y zumo de limón

1. Mezclar la limonada con la infusión y reservar en el frigorífico.
2. Se toman los vasos, se mojan los bordes con zumo de limón y se ponen del revés sobre el azúcar para escarcharlos. Dejar nuevamente en el congelador (un mínimo de 10 minutos) hasta que se vaya a verter el té.
3. Adornar los vasos con hojitas de menta y verter el té con cuidado para que no se deshaga el borde escarchado de azúcar.

Té verde con especias

Ingredientes:

4 cucharaditas de té verde
Piel de naranja y de limón biológicos
Nuez moscada y vainilla en rama
20 g de azúcar integral de caña
750 ml de zumo de naranja
Zumo de limón

1. Ponemos el té en el fondo de una tetera y añadimos las pieles de naranja y de limón, un poco de nuez moscada y la ramita de vainilla.
2. Añadimos el azúcar y vertemos encima agua hirviendo. Cubrimos para que se haga la infusión y dejamos enfriar.
3. En el momento de servirlo, añadimos el zumo de naranja, unas gotas de zumo de limón y hielo picado si deseamos.

Té verde con especias

Té de manzana

Ingredientes:
4 bolsitas de té verde
1 l de zumo de manzana
6 ramitas de canela
6 granos de vainilla
Piel de naranja o limón cortada a tiras

1. Llevar a ebullición el zumo de manzana.
2. Se ponen las bolsitas en la tetera y se prepara la infusión con el zumo durante 2 ó 3 minutos.
3. Colocar en un vaso las tiras de naranja o limón.
4. Se vierte el té caliente con la canela y los granos de vainilla.

Té especiado con vainilla, canela y clavo

Ingredientes:
100 g de té verde bajo en teína
1 l de agua
2 ó 3 granos de vainilla
3 ó 4 barritas de canela
2 clavos de olor
Unas gotas de angostura
Miel al gusto

1. Se tritura la canela, la vainilla y los clavos de olor en un mortero.
2. Añadimos las hojas de té verde.
3. Poner 5 ó 6 cucharaditas de la mezcla en el agua y llevar a ebullición.
4. Se cuela antes de servir, con un poco de miel y la angostura.

Té de invierno especiado

Ingredientes:
6 bolsitas de té verde
250 ml de zumo de naranja
250 ml de zumo de piña
1 cucharada de pimienta de Jamaica
1 cucharadita de clavo de olor
2 ramas de canela
2 granos de vainilla
20 g de azúcar integral
2 cucharaditas de miel
Unas rodajas de naranja

1. Preparar una infusión de 5 minutos con las bolsitas de té. Una vez retiradas las bolsitas, añadir todos los ingredientes excepto la canela.
2. Llevar a ebullición y dejar cocer a fuego lento durante 2 ó 3 minutos.
3. Se puede remover con las ramas de canela, pero hay que vigilar que no se impregne demasiado de su aroma.
4. Se sirve caliente y adornado con las rodajas de naranja.

EL YOGUI TÉ

Las dos últimas recetas pueden recordar al célebre «yogui té» por el uso de las especias. Sin embargo, el auténtico yogui té que se bebe en los centros ayurvédicos de la India no suele llevar té. Los ingredientes clásicos de este brebaje energético —que se toma a menudo con leche— son canela, cardamomo, jengibre, clavos de olor y pimienta negra.

Té flameado

Ingredientes:

1/2 l de té negro poco cargado
1 vaso grande de ron negro
1 naranja
1/2 limón
1/2 ramita de vainilla
1 clavo de especia
1 pizca de canela
azúcar de caña o miel

1. Poner en un bol dos cucharadas soperas de ron, la vainilla troceada, el clavo, la canela y la cuarta parte de la corteza de naranja.
2. Dejar en adobo por espacio de una hora y colar.
3. Agregar el té hirviendo y el zumo de medio limón.
4. En un bol de ponche, endulzar al gusto, verter el vaso de ron y encender.
5. Servir inmediatamente.

Té frío al jerez

Ingredientes:

1 l de infusión de té negro
un vaso de jerez
un limón cortado a rodajas
azúcar de caña

1. Preparar la infusión, añadir azúcar al gusto y dejar enfriar.
2. Agregar el jerez y guardar en la nevera un par de horas.
3. Servir en un vaso con una rodajita de limón.

Granizado de té

Ingredientes:

1 l de infusión de té a elegir
azúcar de caña
unas hojitas de menta

1. Preparar la infusión, añadir azúcar al gusto y dejar enfriar.
2. Dejar reposar en el congelador en un recipiente adecuado hasta que se hiele.
3. Pasar por la trituradora y servir con las hojitas de menta.

Sangría de té

Ingredientes:

1 l de infusión de té negro bien cargada
1 pomelo
1/2 piña
2 melocotones en almíbar
el zumo de un limón
azúcar de caña

1. Endulzar al gusto la infusión de té.
2. Trocear las frutas, que echaremos en una jarra junto con la infusión.
3. Añadir el zumo de limón, mezclar bien y dejar reposar unas horas en la nevera.
4. Servir con hielo.

Batido de té

Ingredientes:

1 l de leche
2 cucharadas soperas del té de nuestra elección
1/2 l de helado de coco
1 corteza de limón verde
azúcar de caña o miel

1. Hervir la leche.
2. Retirar del fuego y poner el té en infusión por espacio de 5 m, tapando el cazo.
3. Colar y dejar enfriar.
4. Guardar en la nevera un par de horas.
5. Batir el helado con el túrmix, agregar la leche con té y endulzar al gusto.
6. Añadir la corteza de limón.
7. Servir en vasos grandes con una pajita.

Té coreano

Ingredientes:

1 l de infusión de té chino o coreano
1 bolsita de ginseng en polvo
2 o 3 dátiles secos
algunos piñones
azúcar de caña

1. Preparar la infusión para 1 l de té con la bolsita de ginseng y los dátiles secos.
2. Endulzar al gusto.
3. Servir con unos cuantos piñones en cada taza o vaso.

Cava al aroma de té

Ingredientes:

1/2 l de infusión de té Oolong
el zumo de un limón
1 botella de cava
azúcar de caña

1. Mezclar la infusión de Oolong con el zumo de un limón y azúcar al gusto.
2. Dejar enfriar dos o tres horas en el refrigerador.
3. Mezclar en una jarra con el cava y servir en copas alargadas.

Grog al té

Ingredientes:

1/2 l de infusión de té negro bien cargada
el zumo de tres limones y seis naranjas
1/2 l de Curaçao y 1/2 l de vino de Borgoña
azúcar de caña

1. Preparar la infusión de té y añadir el zumo de los limones y naranjas.
2. Endulzar al gusto (1 l de grog puede llevar hasta 250 g de azúcar).
3. Agregar el Curaçao y el Borgoña y llevarlo todo al punto de ebullición.
4. Apartar del fuego y servir en tazones.

variante:«Té Shalimar» (sin alcohol):

1. Preparar el té.
2. Poner una rodaja de naranja en el fondo de cada vaso y verter encima el té hirviendo (no se utiliza el limón, ni vino o licores).
3. Endulzar al gusto.

Té al estilo persa

Ingredientes:

1 l de leche
2 cucharadas soperas rasas de té negro
azúcar de caña o miel

1. Poner las cucharadas de té seco en un cazo.
2. Cuando la leche hierva, la vertemos sobre el té.
3. Dejar en infusión durante cinco minutos.
4. Endulzar al gusto y servir.

Refresco de hierbabuena

Se prepara hirviendo agua con azúcar durante 20 minutos y añadiendo unos manojos de hierbabuena, que dejaremos 10 minutos más, hasta que espese. Y cada vez que tengáis sed, tomad un vaso de agua fría con una cucharada de la esencia obtenida y disfrutadlo. Se dice que Shaharazade, la hermosa narradora de cuentos, iba desgranando sus historias de «Las Mil y una Noches» ante una taza de té o de hierbabuena, que es un notable afrodisíaco y tonificante para el estrés, dolor de cabeza y agitación nerviosa.

Sugerencias del chef
Cocinar con té

Sopa vegetal de té verde

Ingredientes:
1 1/2 l de agua
3 bolsitas de té verde
5 setas shiitake frescas cortadas a dados
1 pimiento rojo cortado a cuadraditos
200 g de apio cortado a cuadraditos
200 g de col desmenuzada
3 cucharaditas de miso
1/4 de cucharadita de guindilla
3 cebollas tiernas

1. Hervir el agua con las bolsitas de té.
2. Se añaden las setas, el pimiento, el apio y la col. Llevar a ebullición de nuevo.
3. A fuego lento y con la olla tapada, esperar unos 5 minutos hasta que las verduras estén cocidas.
4. Se retiran las bolsitas de té y se separa una taza de caldo, que pondremos aparte.
5. En esta taza se mezcla el miso con el caldo caliente y se remueve bien. Añadir a la olla junto con la guindilla y las cebollas tiernas.
6. Hervir a fuego lento durante un par de minutos más y servir bien caliente.

Sopa vegetal de té verde

Entrante de pimientos y patatas asadas, con aliño al té verde y albahaca

Entrante de pimientos y patatas asadas, con aliño al té verde y albahaca

Ingredientes:

1 kg de patatas

1 pimiento rojo

1 pimiento amarillo

1 pimiento verde

para el aliño:

1 diente de ajo

1 guindilla

Sal marina

1 cebolla tierna

3 cucharadas de aceite de oliva virgen

1 taza pequeña de infusión de té verde (medida de café)

5 hojas de albahaca fresca

25 g de hojas de té verde infusionadas

1 cucharadita de miel

1 cucharada de vinagre de sidra

1. Precalentamos el horno a 180 ºC. Horneamos las patatas con su piel y los pimientos enteros dándoles la vuelta de tanto en tanto hasta que estén cocidos.
2. Mientras tanto preparamos el aliño: machacamos en el mortero el diente de ajo con la guindilla y un poco de sal marina hasta obtener una pasta.
3. Cortamos la cebolla tierna en rodajas muy finas (la parte blanca y lo tierno de la parte verde); cortamos las hojas de albahaca y las hojas de la infusión de té verde en tiras finas.
4. En un cuenco mezclamos todos los ingredientes del aliño y batimos bien.
5. Servimos las patatas cortadas por la mitad con los pimientos y vertemos el aliño.

Huevos chinos marmoleados

Ingredientes:
45 ml de agua
8 huevos
4 bolsitas de té negro (o la infusión de 2 cucharadas de té negro a granel)
100 g de mantequilla
Perejil y sal

1. Se hierven los huevos en un cazo durante 10-12 minutos. Reservar el agua.
2. Pasamos los huevos por agua fría y los golpeamos suavemente con una cuchara por toda la cáscara para agrietarla, pero sin que se rompa.
3. Añadir el té al agua que hemos reservado y sumergir los huevos con cuidado.
4. Se agrega la sal y se tapa el cazo con los huevos y la infusión de té. Dejar reposar como mínimo 30 minutos antes de retirarlos y pelar la cáscara.
5. Los huevos presentarán unas franjas marrones similares al mármol. Los partiremos en dos y los sazonaremos con perejil picado para darles color.

Arroz salvaje con té

Ingredientes:
400 g de arroz salvaje
1 l de caldo vegetal
1/2 tomate triturado
25 g de hojas de té negro u Oolong
30 g de cebolla picada
1 cucharadita de pimienta roja, amarilla y verde (1 de cada tipo)
1 cucharadita de tomillo, 1 de mantequilla y 1 hoja de laurel

1. Se cuecen en la mantequilla el tomate y la cebolla, junto con las pimientas, hasta que estén tiernos. Agregar el arroz salvaje, el té, el tomillo, el laurel y el caldo.
2. Se hornea a 350 ºC, en la cacerola cubierta, 45 minutos. Retirar el laurel y servir.

El «arroz salvaje» no es propiamente un arroz. Se trata de la semilla de una planta acuática llamada avena de agua o *arroz indio*, ya que es el alimento básico de los indios Chipewa. Es muy sabroso pero algo caro, por lo que suele mezclarse con arroz de grano largo.

Sándwiches de pepino y té verde

Ingredientes:
2 cucharadas de té Sencha
12 rebanadas de pan de molde
1 pepino y 2 ramas de berro
1 tarrina de queso cremoso, 100 g de mantequilla, sal y pimienta

1. Se muelen las hojas de té y se mezclan con el queso cremoso. Salpimentar.
2. Se pela y lamina el pepino. Lavar y trocear los berros. Tostar el pan.
3. Se untan 6 rebanadas con mantequilla y otras 6 con el preparado de té.
4. Montar los sandwiches con el pepino y los berros.

Fajitas de tofu macerado en té verde

Ingredientes:

para el macerado:

300 ml de infusión de té verde
50 ml de vinagre de arroz
Pimienta negra recién molida
2 cucharadas de concentrado de manzana
2 cucharadas de aceite de oliva extra virgen
2 cucharadas de salsa de soja

para las fajitas:

250 g de tofu firme asado
1 pimiento verde y 1/2 pimiento rojo
1 cebolla
2 cucharadas de hojas de té verde infusionadas
1 cucharada de pasta de sésamo (tahine)
Unas hojas de lechuga cortada a trozos
Un puñado de germinados de soja
3-4 tortillas de maíz

1. En un recipiente profundo se mezclan los ingredientes del macerado. Al preparar la infusión de té verde utilizaremos el líquido del macerado, sin descartar las hojas (servirán para el salteado).
2. Se cortan el tofu a tiras, los pimientos y la cebolla. Los sumergimos en el líquido y lo dejamos macerar una hora.
3. Se saltean los ingredientes macerados en una sartén o wok calentada con un hilo de aceite (junto con parte del líquido), a fuego alto y removiendo. Se cortan en tiritas las hojas del té verde que quedaron de la infusión y las añadimos a la sartén.
4. Calentar las tortillas en el horno, envueltas en papel de hornear, 2-3 minutos. Untar las tortillas con un poco de tahine y rellenarlas con la lechuga, los germinados y el salteado. Servir de inmediato. Permite muchas variantes, al gusto.

Fajitas de tofu macerado en té verde

Judías verdes con marinada de té

Ingredientes:

400 g de judías verdes

2 dientes de ajo triturado

200 g de almendras laminadas

1 cucharada de aceite de canola

50 g de hojas de té negro hervidas en 500 ml de agua mineral

1. Se hierven las judías verdes en un cazo con agua.
2. Mientras están hirviendo las judías, saltear el ajo en una cucharada de aceite de canola hasta que se vuelva opaco.
3. Agregar la infusión de té y hervir a fuego lento con el ajo durante unos minutos.
4. Se retiran las judías del cazo y se ponen en una fuente grande. Verter la marinada de té sobre las judías escurridas.
5. Espolvorear con almendras laminadas y servir inmediatamente.

Salsas

Salsa de sésamo especiada

Para condimentar rollitos de primavera

Ingredientes:

25 g de semillas de sésamo blanco
2 dientes de ajo pelados y cortados finos
1 cebolla tierna cortada fina
25 g de hojas de té hervidas y cortadas pequeñas
60 g de salsa teriyaki
30 ml de zumo de limón
1 cucharadita de aceite de sésamo
1 cucharadita de guindilla cortada muy fina

1. Se precalienta el horno a 175 ºC. Tostar las semillas de sésamo durante 5 ó 6 minutos, removiéndolas de vez en cuando, hasta que se doren.
2. Se ponen en un bol y se dejan enfriar.
3. Añadir el resto de ingredientes a las semillas de sésamo y triturarlos.
4. Cubrir y dejar en la nevera durante 30 minutos antes de consumir.

¿QUÉ ES LA «CANOLA»?

El llamado «aceite de canola» no es otra cosa que el aceite de colza, al que los distribuidores han buscado un nombre más propicio después del escándalo alimentario —y sanitario— que sacudió España hace dos décadas. «Canola» es la contracción de «Canada oil», el país de donde surgió la idea de comercializar el aceite de la colza. El aceite de canola —o colza— natural es el que cuenta con un contenido en grasas saturadas más bajas de todos los aceites vegetales, lo que lo hace muy efectivo para prevenir el colesterol y las enfermedades cardíacas.

Salsa de pimientos rojos escalibados

Para platos de pasta o como condimento

Ingredientes:

3 pimientos rojos escalibados

75 ml de infusión de té verde

60 g de tomates desecados cortados a pedacitos

50 ml de vinagre de arroz

2 dientes de ajo pelados y 1/2 cucharadita de pimienta blanca

1 cucharada de aceite de oliva

1. Se pasan todos los ingredientes por una trituradora hasta conseguir una pasta uniforme.
2. Consumir inmediatamente o guardar en un recipiente de plástico en la nevera. Puede durar hasta una semana.

Salsa de té verde y jengibre

Para pescados y mariscos

Ingredientes:

40 ml de infusión de té verde

1/4 de raíz de jengibre cortada muy fina

60 ml de vino de arroz o jerez

60 ml de vinagre de arroz

1 cucharada de salsa de pescado

1 cucharadita de aceite de sésamo

1 cebolla tierna troceada

4 dientes de ajo troceados y 1/2 cucharadita de guindilla troceada

1. Se mezclan bien todos los ingredientes en un recipiente.
2. Consumir inmediatamente o reservar en la nevera (hasta dos semanas).

Salsa de jengibre y ajo

Para ñoquis, raviolis y tortelinis

Ingredientes:

1 cucharadita de aceite de canola
25 g de hojas de té verde
1/2 cucharada de raíz de jengibre cortada fina
2 dientes de ajo cortados y 1 cebolla tierna cortada
3 cucharadas de salsa de soja y 2 cucharadas de leche de soja
2 cucharadas de zumo de limón
2 cucharadas de vinagre de arroz y 1 cucharadita de aceite de sésamo

1. Calentar el aceite de canola en un cazo.
2. Se añade el té verde y se deja cocer hasta que desprenda su aroma.
3. Mezclar los demás ingredientes en un bol y añadir el té verde con el aceite.
4. Se cubre y se deja reposar en la nevera entre 30 minutos y toda la noche.

Salsa tailandesa

Para aliñar ensaladas o simplemente para mojar

Ingredientes:

75 ml de infusión de té verde
1 cucharadita de aceite de canola
1 guindilla fresca cortada pequeña
2 dientes de ajo cortados
1 cucharada de miel y 60 ml de vinagre de arroz
1 cucharada de salsa de pescado

1. Calentar el aceite en un cazo pequeño. Echar la guindilla y el ajo. Remover durante 30 segundos. Añadir el té verde, la miel, el vinagre y la salsa de pescado.
2. Se lleva a ebullición y, acto seguido, se saca del fuego.
3. Dejar que se enfríe y utilizar inmediatamente, o bien reservar en la nevera en un recipiente bien cerrado (hasta una semana).

Salsa de jengibre y miel

Ingredientes:

35 ml de infusión de té verde
50 ml de vinagre de arroz
1/2 cucharada de miel
1/2 cucharada de aceite de oliva
2 cucharaditas de salsa de pescado
2 dientes de ajo pequeños troceados
1 trocito de raíz de jengibre picada
1 cebolla tierna (sólo la parte verde) cortada fina

1. Se mezclan bien todos los ingredientes en un recipiente.
2. Usar inmediatamente o reservar en la nevera. Puede conservarse hasta una semana. Su sabor funciona bien como salsa para ensaladas.

Aceite de guindilla y ajo

Para saltear, como condimento o para platos de pasta

Ingredientes:

1 1/4 cucharaditas de aceite de canola
50 g de hojas de té verde, preferiblemente Gunpowder
5 dientes de ajo cortados finos y 2 guindillas cortadas finas
2 cebollas tiernas (sólo la parte blanca) cortadas finas
1/2 cucharadita de sal

1. En un cazo pequeño se calienta 1 cucharada del aceite de canola, reservando el resto.
2. Se añade el té verde y se deja cocer hasta que el té desprenda su aroma, más o menos 1 minuto.
3. Poner el té, el ajo, las guindillas, la cebolla y la sal en la trituradora.
4. En el mismo cazo que antes, se calienta el aceite restante hasta que esté muy caliente. Verter el aceite sobre la pasta que tenemos en la trituradora.
5. Se tapa parcialmente el bote donde esté la salsa y se deja enfriar.
6. Sellar el bote bien fuerte y reservar en la nevera. Se puede mantener hasta dos semanas. Remover la salsa antes de usar.

Helado de té verde

Postres

Helado de té verde

Ingredientes:

4 bolsitas de té verde
500 ml de leche
125 g de azúcar integral de caña
6 yemas de huevos frescos
500 ml de crema de leche

1. Se pone a hervir la leche con el té verde sin las bolsitas. Luego lo apartamos del fuego, dejándolo reposar durante 5 minutos. Colar la infusión.
2. Se baten las yemas y el azúcar hasta que se dore. Incorporaremos la leche tibia y lo calentamos al baño maría, sin dejar de remover, hasta que se espese. Se retira del fuego y se sigue removiendo. Dejar enfriar.
3. Es el momento de añadir la crema de leche y congelarlo en la heladora. Si prefieres usar el congelador, pon la mezcla en un recipiente metálico y resérvalo en el congelador de 3 a 4 horas. Entonces lo pondremos en otro recipiente, batiendo con la batidora hasta que quede cremoso y espeso. Se vuelve a poner en el congelador, repitiendo la operación dos veces más.
4. Para acabar, lo mejor es colocarlo en una fuente para servir, cubrirlo con film transparente y guardarlo en el congelador hasta el día siguiente.

Té verde con helado

1 taza de té verde recién hecho
2 bolas de helado de vainilla (o del sabor que se prefiera)
Unas hojas de menta

1. Es una receta muy sencilla. Se pone el helado en un vaso.
2. Se vierte encima el té caliente, formando un líquido cremoso.

Flan de té verde a la vainilla con láminas crocantes al pistacho

Ingredientes:

para el flan:

1 l de leche de arroz

1/2 vaina de vainilla y 3 cucharadas de agar-agar en copos

2 cucharadas de hojas de té verde

Miel al gusto para endulzar

para el crocante:

100 g de pistachos pelados y troceados grueso

100 g de azúcar integral de caña

para la salsa:

200 g de pistachos pelados

300 ml de leche de arroz

1 cucharada de azúcar integral de caña

1. Abrimos la vaina de vainilla y raspamos la pulpa con un cuchillo. En un cazo herviremos la leche de arroz con la pulpa de la vainilla y el agar-agar durante 10 minutos. Reducimos a polvo el té y lo agregamos; endulzamos y dejamos entibiar.
2. Se bate hasta obtener una textura cremosa y lo vertemos en moldes individuales. Reservamos en la nevera.
3. Preparamos el crocante: en un cazo pequeño calentamos el azúcar a fuego lento hasta que se funda, añadimos los pistachos y mezclamos bien. Lo vertemos de inmediato sobre una hoja de papel siliconado y tapamos con otra hoja. Alisamos bien con un rodillo y dejamos solidificar. Luego cortamos en trozos irregulares.
4. Para hacer la salsa sumergimos unos minutos los pistachos en agua hirviendo, quitamos las pieles y batimos con la leche de almendras hasta homogeneizar. Pasamos por el colador chino y reservamos.
5. Desmoldamos los flanes y servimos con un hilo de salsa y una lámina de crocante.

Flan de té verde a la vainilla con láminas crocantes al pistacho

Té de verano con frutas

Ingredientes:
600 ml de infusión de té verde frío
Cubitos de hielo hechos con zumo de diferentes frutas
Trocitos (limpios y cortados) de uvas, fresas, piña, kiwi, manzana y naranja

1. Se ponen los cubitos en vasos altos.
2. Verter el té frío.
3. En palitos largos para brochetas, se pinchan las frutas (mezcladas) y se colocan en el vaso. Además de adornarlo, podemos comerlas mientras bebemos el té.

Té verde con cerezas

Ingredientes:
600 ml de infusión de té verde frío
175 g de cerezas frescas deshuesadas
1 trocito de jengibre fresco cortado pequeño
1 ramita de canela
Zumo de limón
200 g de azúcar integral

1. Se lleva a ebullición las cerezas en 2 tazas de infusión de té verde y se dejan cocer a fuego lento durante 15 minutos.
2. Hervir la canela y el jengibre aparte.
3. Pasar el hervido de cerezas por un tamiz, aprovechando el zumo que gotee para mezclarlo con el té restante, la canela y el jengibre.
4. La mezcla debe colarse antes de añadir el zumo de limón y el azúcar. Se sirve frío.

Sorbete de té y mango

Ingredientes:

150 g de infusión de té verde
100 g de azúcar integral
6 mangos pelados y cortados en dados
175 ml de zumo de lima fresca
1 trozo de jengibre pelado y picado

1. Cocer durante 5 minutos el té verde con el azúcar. Dejar enfriar a temperatura ambiente.
2. Se prepara un puré con el mango, el zumo de lima y el jengibre. A continuación, se mezcla con el té y el azúcar y se reserva en el congelador por espacio de 1 hora.
3. Remover el sorbete de vez en cuando mientras está en el congelador para evitar que se formen cristales de hielo.
4. Al cabo de la hora, batirlo y devolverlo al congelador hasta el momento de servir.

Tés terapéuticos

Oolong adelgazante

Para dietas y curas depurativas

Ingredientes:
2 cucharaditas colmadas de té Oolong
850 ml de agua

1. Se precalienta la tetera llenándola de agua caliente.
2. Se pone a calentar el agua en un cazo y cuando vaya a hervir se retira del fuego.
3. Vaciamos la tetera del agua caliente e introducimos el té. Volcamos el agua del cazo y dejamos reposar 2 ó 3 minutos. Se deja enfriar un poco antes de tomarlo.

ADELGAZAR CON TÉ

El té Oolong es muy utilizado en las dietas de adelgazamiento, y tiene la ventaja adicional de que contiene poca teína. Si se toma la mezcla precedente dos o tres veces al día se notará una pérdida de peso gradual.

En Oriente son comunes las dietas depurativas de tres días a base de té, sopas, vegetales y fruta. La verdura proporciona las vitaminas y nutrientes que necesita el organismo, y la fruta contribuye a limpiar el sistema digestivo. El té —y no sólo el Pu-erh— ayuda en este tipo de dietas a quemar calorías a la vez que proporciona energía.

Té con plátano

Combate la hipertensión

Ingredientes:

Unas hojas de té verde

400 ml de agua mineral

1 rodaja de plátano de unos 2'5 cm de grosor

1. Se pela la rodaja de plátano, se machaca en un mortero y se pone en un tazón.
2. Añadir las hojas de té verde.
3. Se lleva el agua a ebullición y se vierten encima las hojas de té y el plátano machacado.
4. Cubrir y dejar reposar por espacio de 2 ó 3 minutos.

CONTRA LA TENSIÓN ALTA

Esta receta está indicada contra la hipertensión, en cuyo caso debe tomarse una vez al día. Por el fuerte aroma y la consistencia de esta fruta, conviene preparar este té directamente en un tazón para que el plátano no se adhiera a la tetera.

Té de cacahuete y jengibre

Tonificante y depurativo

Ingredientes:
Té al gusto
20 cacahuetes crudos
5 ó 6 rodajas de raíz de jengibre

1. Se lava el jengibre y se corta en rodajas de aproximadamente 3 cm de grosor. Trocear.
2. Moler los cacahuetes sin quitarles la piel.
3. Se ponen ambos ingredientes en la tetera y se añaden las hojas de té.
4. Verter el agua que acaba de hervir en la tetera y dejar reposar durante 2 ó 3 minutos.

TÉS TONIFICANTES

La anterior receta y la que le sigue están pensadas para tonificar el organismo a cualquier hora del día. Son tés muy adecuados para deportistas, así como para personas con un gran desgaste energético en su trabajo.

Té de arroz

Tonificante y depurativo

Ingredientes:
25 g de hojas de té verde
200 g de arroz largo
850 ml de agua

1. Echar el arroz en un wok sin aceite. Remover y saltear hasta que los granos adquieran un color dorado y huelan a tostado.
2. Se deja enfriar el arroz.
3. Añadir las hojas de té y mezclar bien.
4. Se prepara el té con unas 5 cucharaditas de esta mezcla. Se elabora como un té normal, dejándolo reposar entre 2 y 3 minutos. Puede añadirse más agua y reutilizar la misma mezcla un par de veces más.

Té de dátil rojo de China

Para los dolores de la menstruación y el posparto

Ingredientes:
Té al gusto
6 ó 8 dátiles rojos de China
1 piedra de azúcar integral cristalizado

1. Aclarar los dátiles en agua fría y cortarlos por la mitad para extraer el hueso.
2. Se ponen en un cazo con el té elegido.
3. Hervir el agua y verter sobre la mezcla.
4. Añadir la piedra de azúcar y dejar reposar por espacio de 5 minutos.

Té de jengibre y cebolla tierna

Contra el resfriado común

Ingredientes:

Unas hojas de té verde
4 ó 5 rodajas de raíz vieja de jengibre
2 cebollas tiernas pequeñas (sólo la parte blanca)
900 ml de agua

1. Limpiar y cortar el jengibre en rodajas de unos 3 cm de grosor.
2. Se limpian y cortan las cebollas usando sólo las partes blancas. Cortar a lo largo en dos mitades.
3. Poner ambos ingredientes junto con el té verde en un cazo.
4. Se hierve el agua y se vierte en el cazo. Cubrir y dejar reposar durante 2 ó 3 minutos. Para potenciar el sabor de este té se puede añadir un poco de sal marina.

Té de jengibre

Contra la fiebre con dolor de cabeza

Ingredientes:

Unas hojas de té verde
6 ó 7 rodajas de raíz vieja de jengibre
1 piedra de azúcar cristalizado
900 ml de agua

1. Limpiar y cortar el jengibre en rodajas de unos 3 cm de grosor.
2. Poner en un cazo con el té verde.
3. Se lleva el agua a ebullición y se vierte en el cazo.
4. Añadir la piedra de azúcar y remover. Cubriremos el cazo y lo dejaremos reposar entre 2 y 3 minutos.

Té de rábano blanco

Contra los accesos de tos

Ingredientes:
Té al gusto
2,5 cm de rábano blanco
Sal marina

1. Se retira la piel del rábano y se corta una rodaja de 2,5 cm. Trocear.
2. Poner en la tetera con las hojas del té y un pellizco de sal marina.
3. Se hierve el agua y se vierte sobre la mezcla.
4. Cubrir y dejar reposar entre 2 y 3 minutos.

MILAGROSO JENGIBRE

Esta raíz tan apreciada en Oriente estimula los receptores termosensibles y eleva la temperatura del organismo, por lo que se emplea para tratar resfriados. Asimismo es efectivo contra los cólicos estomacales, además de ser carminativo —favorece la expulsión de gases— y digestivo. También se utiliza con éxito para prevenir el mareo del viajero.

Infusión de bardana y zarzaparrilla

Té de regaliz

Para gargantas irritadas sin tos

Ingredientes:

Té al gusto

6 ó 7 trozos de raíz de regaliz desecada

1. Poner los trozos de regaliz en una tetera con las hojas del té elegido.
2. Se hierve el agua y se vierte en la tetera.
3. Dejar reposar durante 5 minutos.

Infusión de bardana y zarzaparrilla

Un excelente cocktail depurativo para desintoxicar el cuerpo durante los meses primaverales.

Ingredientes:

30 g de raíz de bardana

30 g de raíz de zarzaparrilla

10 g de hoja de abedul

20 g de diente de león

1. Se dispone 1 cucharada sopera de la mezcla por vaso de agua (250 ml), se hierve 1 minuto y se deja reposar 10 minutos más antes de colarla y beberla.
2. Esta infusión debe tomarse tres veces al día y, a ser posible, antes de las comidas. Para enriquecer su efecto terapéutico pueden añadirse unas gotas de limón.

Infusión de melisa y anís estrellado

Té de miel y limón

Para gargantas irritadas y contra la tos

Ingredientes:
Unas hojas de té rojo Pu-erh
1/2 limón biológico
Miel

1. Partir el limón por la mitad y triturarlo antes de ponerlo en la tetera.
2. Se añaden las hojas de té rojo.
3. Hervir el agua y verter en la tetera.
4. Se cubre el cazo y se espera a que la bebida esté templada. Añadir la miel y servir.

Infusión de melisa y anís estrellado

Eficaz tisana anticelulítica

Ingredientes:
30 g de alga fucus
20 g de anís estrellado
20 g de hojas de abedul
15 g de verbena
15 g de hojas de melisa

1. Se disponen 2 cucharadas soperas de la mezcla en un recipiente con agua y se hierve 1 minuto. Se deja reposar 10 minutos más y se cuela.
2. Esta tisana debe tomarse a lo largo del día, preferiblemente un vaso antes de cada comida. En verano hay que conservarla en la nevera.

Ayuda a evitar la retención de líquidos, lo que facilita la eliminación de los kilos de más.

Té de equinácea y llantén

Té de equinácea y llantén

Para reforzar las defensas

Ingredientes:

25 g de equinácea
25 g de llantén
25 g de brotes de pino albar
25 g de tusílago

1. Se pone a calentar el agua en un cazo y cuando vaya a hervir se retira del fuego.
2. Se dispone la mezcla en una tetera y se añade el agua caliente.
3. Se deja reposar 5 minutos y se cuela el combinado.

Es especialmente eficaz para combatir los resfriados y contribuye a aumentar las defensas. Se toma tres veces al día durante unas tres semanas. Se descansa una semana y se vuelve a tomar tres semanas más.

Té dulce

Contra infecciones de garganta y encías llagadas

Ingredientes:

Unas hojas de té verde u Oolong
Azúcar integral cristalizado

1. Se pone a calentar el agua en un cazo y cuando esté a punto de hervir se retira del fuego.
2. Ponemos el té en la tetera y añadimos el agua del cazo.
3. Se añade el azúcar y se deja reposar durante 2 ó 3 minutos.

Lei Ch'a (té molido)

Para procesos gripales

Ingredientes:
25 g de hojas de té verde
45 g de arroz largo crudo
2 ó 3 rodajas de raíz fresca de jengibre
850 ml de agua

1. Lavar el arroz y cortar las rodajas de jengibre bien finas.
2. Se pone el té, el arroz y el jengibre en un mortero con agua fría y se muele hasta convertirlo en una pasta fina (se puede pasar por una trituradora).
3. Hervir el agua en un cazo, añadir la pasta y dejar hervir durante un par de minutos más. Lo dejaremos enfriar un poco antes de beber.

Infusión de ginkgo, romero, menta y ajedrea

Ingredientes:
20 g de ginkgo
20 g de romero
20 g de menta
20 g de ajedrea

1. Se mezclan todos los ingredientes.
2. A continuación se hierve el combinado en el agua durante medio minuto. Pasado ese tiempo se deja reposar 10 minutos más y se cuela. Esta tisana debe tomarse a media mañana.

Infusión de ginkgo, romero, menta y ajedrea

Tisana de eucaliptus

Té de crisantemo

Para tratar los golpes de sol

Ingredientes:
Unas hojas de té verde
20 flores de crisantemo blanco
850 ml de agua

1. Lavamos las flores y las ponemos en un cazo.
2. Se añade el té verde.
3. Llevamos el agua a ebullición.
4. Verter y dejar reposar entre 2 y 3 minutos.

Té de eucaliptus

Ingredientes:
9-10 hojas de eucaliptus (2-3 por taza)
850 ml de agua
Miel (preferiblemente de eucaliptus)

1. Se lleva a ebullición el agua en un cazo y se incorporan las hojas de eucaliptus.
2. Se deja en infusión 10-12 minutos y a continuación se endulza con miel.

El eucalipto *(Eucaliptus globulus)* es bien conocido como un eficaz remedio casero en casos de afecciones pulmonares, catarros y ataques de asma. Tradicionalmente se toma en forma de vahos (inhalaciones). Dos o tres veces al día ayuda a resolver las expectoraciones y da un excelente resultado.

Té de tomate

Indicado para abrir el apetito

Ingredientes:
Unas hojas de té verde
1 tomate del tamaño de una pelota de ping-pong
Azúcar integral (opcional)

1. Se lava el tomate sin pelar y se corta a dados.
2. Ponemos en un cazo el tomate con las hojas de té verde.
3. Llevar el agua a ebullición y verter en el cazo.
4. Se añade el azúcar si se desea, se cubre y se deja reposar entre 2 y 3 minutos.

Infusión de tomillo y saúco

Previene y combate los problemas respiratorios

Ingredientes:
20 g de flor de tomillo
20 g de flor de saúco
20 g de raíz de genciana
30 g de raíz de equinácea

1. Se dispone 1 cucharada sopera de la mezcla por taza y se hierve el combinado durante 1 minuto. Pasado ese tiempo se deja reposar otros 10 minutos y se cuela.

Debe tomarse una taza diaria durante tres meses: bebiéndola tres semanas y descansando la cuarta.

Infusión de tomillo y saúco

Tisana de manzanilla, helenio, pensamiento y siempreviva

Eficaz contra los síntomas alérgicos

Ingredientes:

20 g de flor de manzanilla

30 g de raíz de helenio

20 g de flor de pensamiento silvestre

30 g de flor de siempreviva

1. Se dispone la mezcla en un cazo junto con el agua y se hierve durante unos minutos. Se deja reposar, tapada, 10 minutos.
2. Se cuela y se bebe dos veces al día. Se tomará en tratamientos discontinuos de dos semanas (una de ingestión y otra de descanso) durante la primavera.

Té de vinagre de arroz

Mitiga los dolores intestinales

Ingredientes:

Unas hojas de té verde

3 ó 4 cucharaditas de vinagre blanco de arroz

1. Poner el té verde en un cazo.
2. Se hierve el agua y se vierte en el cazo.
3. Añadir el vinagre y dejar reposar entre 2 y 3 minutos antes de beber.

Tisana de manzanilla, helenio, pensamiento y siempreviva

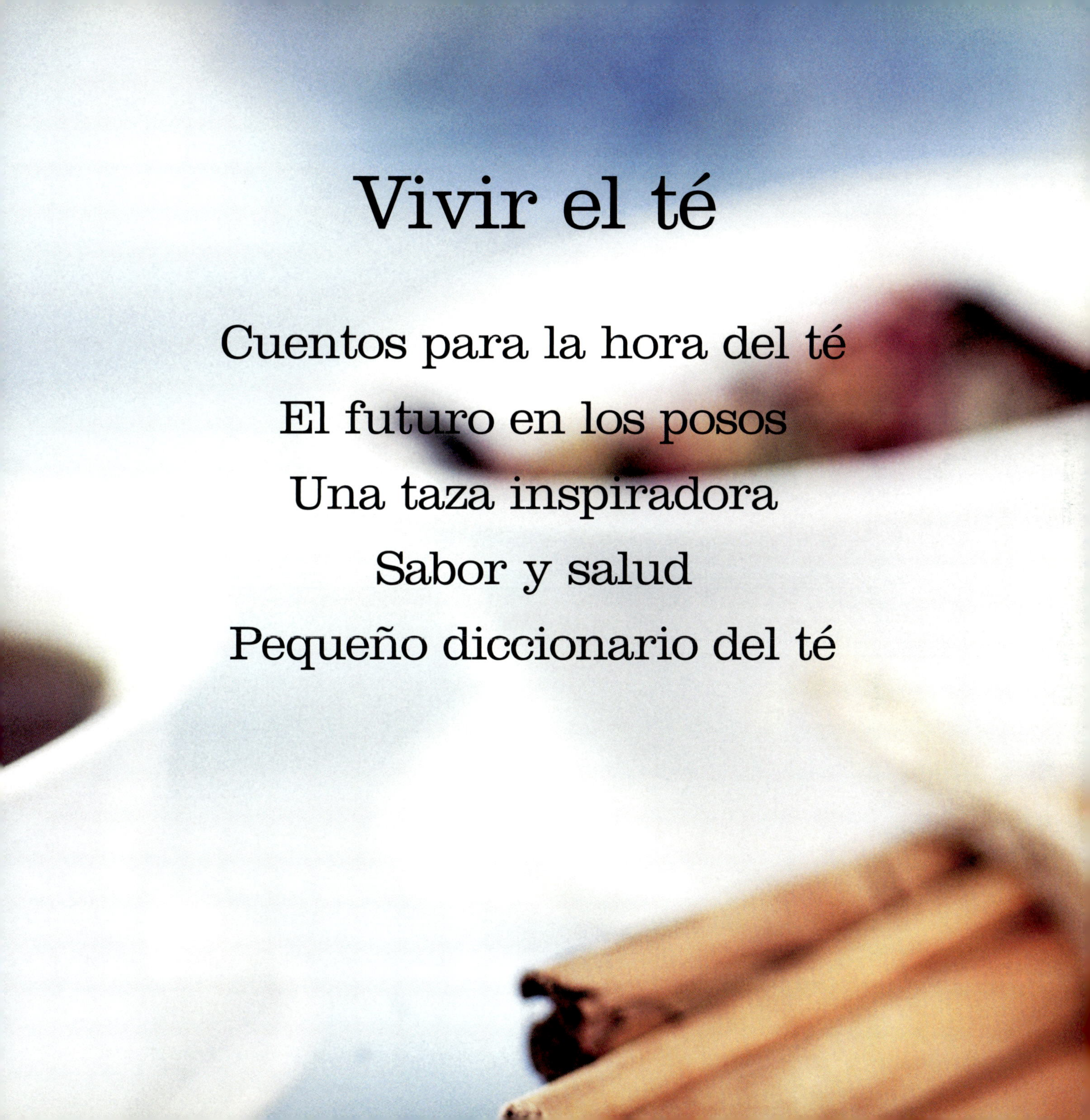

Vivir el té

Cuentos para la hora del té

El futuro en los posos

Una taza inspiradora

Sabor y salud

Pequeño diccionario del té

Cuentos para la hora del té

Como hemos visto en el capítulo dedicado a la ceremonia japonesa, la hora del té es idónea para la conversación relajada en familia o entre amigos. Pero también puede ser un momento oportuno para la soledad y el recogimiento, mientras el aroma y el sabor de la infusión nos reconfortan de los esfuerzos del día.

Los diez cuentos orientales recolectados para esta sección invitan a la calma y a la reflexión. La tradición de contar historias a la hora del té está muy arraigada en China, donde las teterías son visitadas por «cuentacuentos» profesionales que ofrecen una bella narración a cambio de unas monedas.

Las respuestas

Un joven estudiante de zen se dirigía al mercado a comprar verduras para el monasterio, cuando en el camino se encontró con un estudiante de otro monasterio.

—¿Adónde vas? —preguntó el primer estudiante.

—Allí donde me lleven las piernas —repuso el otro.

El primer estudiante reflexionó largo tiempo sobre esta respuesta, ya que estaba seguro de que encerraba un profundo significado. Al llegar al monasterio, le explicó esta conversación a su maestro, quien concluyó:

—Deberías haberle preguntado qué haría si no tuviera piernas.

Al día siguiente, el estudiante descubrió con excitación al mismo joven recorriendo el camino. Se acercó a él y le dijo:

—¿Adónde vas hoy? Adonde te lleven las piernas, supongo. Pero déjame preguntarte...

Antes de que terminara, el otro estudiante le interrumpió diciendo:

—Te equivocas. Hoy voy allí donde sopla el viento.

Esta respuesta volvió a confundir al primer estudiante, que se quedó sin saber qué decir. Cuando informó a su maestro sobre esta nueva conversación, éste le dijo:

—Deberías haberle preguntado qué haría si no hubiera viento.

Unos días después, el estudiante vio en el mercado al mismo joven por tercera vez, y corrió hacia él para hablarle, seguro de su victoria en esta ocasión.

—¿Adónde vas? —le preguntó— ¿Allí donde sopla el viento? Pues déjame preguntarte...

—No, no... —le interrumpió el otro estudiante— Hoy voy a comprar verduras.

El espejo mágico

Iriku, un artesano cestero, había perdido a su amado padre y culpaba a su esposa de no haberle tratado con el merecido cariño. Un día que había vendido en el mercado toda su producción de cestas, decidió pasearse entre los puestos para ver qué ofrecían.

Entre todos ellos le llamó la atención la parada de un comerciante chino, llena de artilugios maravillosos.

—Ven, Iriku —le pidió el vendedor—. Tengo algo extraordinario que mostrarte.

Dicho esto, extrajo de un cofre un objeto plano y ovalado, protegido por un paño de seda. Lo entregó a Iriku con gran misterio y éste retiró el paño con cuidado. El cestero contempló con curiosidad el objeto pulido y brillante, y no pudo contener un suspiro de sorpresa. Había visto en su interior la imagen de su padre, aunque unos años más joven.

—¡Esto es mágico! —exclamó sobrecogido.

—Dices bien —repuso el vendedor—. Lo llaman espejo y tiene un valor incalculable.

—¡Te doy todas mis ganancias del día! —saltó Iriku poseído por el deseo de tener aquella maravilla—. Quiero tener este espejo mágico para ver siempre que quiera la imagen de mi padre.

Ambos comerciantes se enzarzaron en una larga discusión, pero al final Iriku consiguió llevarse a casa el preciado objeto.

Lo escondió en el granero, y cada vez que sentía nostalgia de su padre, Iriku subía a mirarle en el espejo mágico. Su esposa, que había advertido ese extraño comportamiento, una tarde decidió seguirle hasta el granero sin que él se diera cuenta. Vio cómo sacaba de un baúl un objeto desconocido y lo miraba largo rato con extasiado placer, para luego devolverlo amorosamente a su escondite.

Una vez que Iriku salió del granero, su esposa fue hasta el baúl y encontró el objeto cubierto por el paño de seda. Al destaparlo, profirió un grito de indignación:

—¡Una mujer!

Y acto seguido bajó a reprender a su marido.

—Así que es eso lo que vienes a ver tan a menudo al granero, ¡una mujer!

—¡No es verdad! —se defendió Iriku—, no te había hablado de eso porque sé que no apreciabas a mi padre, pero es a él a quien vengo a ver para calmar mi corazón.

—¡Mentira! —exclamó su esposa— ¡He visto con mis propios ojos que es una mujer! ¡Tienes una mujer escondida en el granero!

La discusión fue subiendo de tono, hasta el punto que una monja que en aquel momento pasaba por la calle entró en la casa con el fin de poner paz. Ambos le pidieron entre gritos que juzgará cuál de ellos tenía razón.

La monja hizo lo que le pidieron y subió al granero. Cuando volvió donde estaba la pareja, concluyó:

—Los dos estáis equivocados. ¡Es una monja!

El zorro y el tigre

Hubo una vez un tigre que logró capturar un zorro. Cuando ya se disponía a devorarlo, el raposo —que era muy astuto— le dijo:

—¡Detente, insensato! ¿No ves que soy el rey de los animales de la selva? Por mucha fuerza que tengas, no podrás hacerme daño. Es más, el Dios del Cielo te castigará cruelmente si no te sometes a mí.

—¡Qué cosas dices! —exclamó burlón el tigre— ¿Tú, rey de los animales? Tendrás que demostrármelo si no quieres que te zampe de un bocado.

—Nada más fácil —respondió el zorro con arrogante seguridad—. Ahora mismo nos internaremos en la selva. Tu sígueme de cerca y observa cómo todos los animales me tienen miedo.

Con paso firme y altivo, el zorro se internó en la selva seguido a poca distancia por el tigre. Éste comprobó asombrado cómo todos los animales huían ante la presencia del zorro, sin darse cuenta de que era al mismo tigre a quien temían. Impresionado por aquella demostración, el tigre se postró ante el zorro y le reconoció como rey de la selva.

El silencio

En un templo remoto de las montañas de Japón, cuatro monjes zen habían decidido hacer un retiro que exigía silencio absoluto. Hacía mucho frío, y cuando una bocanada de aire helado penetró en el templo, el monje más joven exclamó:

—¡Se ha apagado la vela!

—¿Por qué hablas? —le reprendió el monje de más edad—. ¡Estamos haciendo una cura de silencio!

—¡Me pregunto por qué estáis hablando en lugar de cerrar la boca, como habíamos decidido! —gritó indignado el tercer monje.

—¡Yo soy el único que no he hablado, aquí! —declaró satisfecho el cuarto monje.

El rico y el pobre

Existió en China un hombre riquísimo, acostumbrado a recibir la pleitesía y los halagos de todos cuantos le rodeaban. Pero había una excepción: un hombre extremadamente pobre que nunca le había dedicado ningún halago, lo cual sumía al poderoso señor en la confusión.

Un día ordenó a sus criados que trajeran a ese hombre miserable ante su presencia y decidió tentarle así:

—Si te regalase la cuarta parte de mi riqueza, ¿me adularías?

—Sería un reparto demasiado desigual para ser digno de mis halagos —respondió sobriamente el pobre.

—¿Y si te diera la mitad? ¿Me adularías si tuvieras la mitad de mi fortuna?

—En este caso, ambos tendríamos lo mismo y por lo tanto no habría motivos para la adulación.

Desesperado, el rico intentó un último lance:

—¿Y si te entregase todas mis riquezas? ¿Qué harías entonces?

—Si yo tuviera una fortuna tan grande, ¿por qué iba a adularlo?

La bandera y el viento

Un maestro zen volvía de su paseo matinal cuando, en el portal del monasterio, encontró a dos monjes discutiendo ante una bandera con la efigie de Buda que ondeaba al viento.

—¡Lo que se mueve es la bandera! —gritaba uno.

—¡No, lo que se mueve es el viento! —contestaba el otro acalorado.

—¡Te equivocas absolutamente!

—¡Tú ves la consecuencia pero no la causa!

La discusión fue subiendo de tono hasta llegar casi a las manos. Pero entonces vieron que había llegado su maestro, y los dos le preguntaron al unísono:

—Maestro, ¿qué es lo que se mueve, la bandera o el viento?

—Ni una cosa ni la otra —concluyó—, es vuestra mente lo que se mueve.

El hombre de la colina

Tres amigos habían salido de excursión por un bello paraje de suaves colinas, cuando divisaron a lo lejos un hombre solo sentado en una ladera.

—Seguro que se ha perdido y espera que algún caminante pase por allí para orientarle —declaró uno de los amigos.

—No lo creo —dijo otro—, a mí me parece que se siente indispuesto y se ha sentado allí para reponerse.

—Ninguno de los dos está en lo cierto —intervino el tercero—. Sin duda está esperando a algún amigo para proseguir el camino en su compañía.

Mientras se encaminaban hacia el desconocido, los tres amigos empezaron a discutir cuál de las hipótesis era correcta, rebatiendo cada uno los argumentos de los otros dos. Cuando llegaron a la ladera, decidieron interrogar al hombre para saber quién llevaba razón:

—¿Te has extraviado? —preguntó uno.

—No —contestó el hombre.

—¿Te encuentras mal? —preguntó el otro.

—No —volvió a decir el desconocido.

—¿Esperas a algún amigo? —preguntó el tercero.

—No —repuso nuevamente.

Desconcertados, los tres amigos preguntaron a la vez:

—Entonces, ¿qué haces aquí?

El desconocido sonrió y, sin abandonar la calma, dijo:

—Simplemente estoy.

La sentencia

Tras la muerte de un hombre muy adinerado, sus dos hijos empezaron a pelearse violentamente por diferencias en el reparto de la herencia. Después de innumerables pleitos, los jueces dividieron los bienes según su criterio, el cual no contentó a ninguno de los dos hijos.

Puesto que estos estaban dispuestos a iniciar nuevos litigios, el tribunal derivó la difícil cuestión al juicio del mismísimo emperador, cuyo veredicto debía poner fin a la imparable querella de los hermanos.

Un ministro del emperador célebre por su sabiduría se ofreció a resolver el litigio, obteniendo permiso del monarca para hacerlo. El ministro convocó a los dos hermanos, y ambos se quejaron amargamente por la injusticia del reparto. En vista de esto, el ministro propuso a los litigantes firmar un documento en el que juraban que aquello que habían dicho era estrictamente cierto.

Los hermanos accedieron de buen grado a esta petición. Con los documentos firmados en la mano, el ministro dictó inmediatamente sentencia:

—Puesto que os acusáis mutuamente de que el otro ha recibido más herencia, ordeno que troquéis vuestras posesiones ahora mismo con carácter irrevocable.

El principio y el final

Un estudiante de zen rompió accidentalmente un jarrón de gran valor que pertenecía a su maestro. Al advertir que éste se acercaba, el estudiante recogió los añicos del jarrón y los ocultó en su hábito.

Cuando el maestro entró en la sala, el estudiante le preguntó:

—¿Por qué morimos, maestro?

—Es algo natural —repuso—. Todo tiene un principio y un final. Todo debe vivir el tiempo que le corresponda y nada más. Luego debe morir.

El estudiante entonces dejó caer los añicos del jarrón al suelo y declaró:

—La hora de morir ha llegado a su jarrón, maestro.

La oda fúnebre

En un pueblo de provincias murió la madre de un labrador, quien corrió hacia la casa del profesor para pedirle que escribiera una oda fúnebre para el entierro, como era costumbre en aquella época. El profesor aceptó el encargo y dijo al campesino que se lo entregaría al día siguiente.

Como era la primera vez que le pedían algo así, el profesor buscó un viejo libro en el que había una oda fúnebre dedicada al padre de la familia, y la copió al pie de la letra. Al día siguiente la entregó al campesino sin aceptar ningún pago por ello.

Una hora más tarde, el labrador volvió corriendo al domicilio del profesor y dijo:

—Profesor, un amigo mío que sabe leer dice que la oda está mal.

—¿Cómo que está mal? —repuso el profesor enfurecido— La he copiado de un libro al pie de la letra. Estoy convencido de que no he cometido un solo error. Lo que pasa es que en tu casa ha fallecido tu madre por equivocación, ya que debería haber muerto tu padre.

Taseomancia: el futuro en los posos

La taseomancia es el arte de leer el futuro en las hojas de té. Esta práctica adivinatoria tiene su origen en la antigua China, aunque obtuvo cierta popularidad en Europa durante los siglos XVIII y XIX. Para ello es necesario elaborar una infusión tradicional con las hojas sueltas de la planta, ya que las bolsitas de té no dejan poso.

Preparación

En una taza blanca o de color claro se ponen una o dos cucharaditas de té, preferiblemente negro, y se vierte encima el agua caliente. Prescindiremos del colador. El consultante —la persona a quien se va a leer el futuro— debe beberse la infusión, dejando algo de líquido y el poso de las hojas en el fondo.

A continuación, se remueve tres veces el poso circularmente y se vuelca la taza sobre el plato. Golpearemos el fondo de la taza tres veces para que el grueso de las hojas se despeguen. Acto seguido, damos la vuelta a la taza para dar inicio a la interpretación.

Interpretación

La lectura de los posos se hace sobre las formas que han dibujado las hojas adheridas en el fondo y paredes de la taza. Encontraremos líneas y formas geométricas que dan lugar a representaciones más complejas, como objetos, plantas y animales.

Tradicionalmente, la lectura se hace en el sentido de las agujas del reloj a partir del asa. Las figuras que aparecen cerca del asa muestran acontecimientos recientes o que están a punto de tener lugar. Los símbolos en el fondo de la taza representan las emociones actuales del consultante. Los que se observan cerca del borde suelen apuntar a acontecimientos próximos relacionados con el amor o los amigos.

Este pequeño diccionario indica el significado de los principales símbolos. Sin embargo, se trata únicamente de un punto de partida para realizar una lectura personalizada, de acuerdo con la situación y los rasgos del consultante:

Abeja: Obtendrás recompensa por los esfuerzos invertidos.
Aguja: Un peligro inminente reclama tu atención.
Alas: Pronto tendrás noticias sobre un asunto que te interesa.
Ancla: Tus proyectos se verán detenidos durante un tiempo.
Anillo: Próximo compromiso, sea sentimental o profesional.
Araña: Se aproxima un período de dificultades.
Árbol: El trabajo realizado dará sus frutos.
Arco Iris: Buena suerte; entras en una etapa muy positiva.
Ardilla: Ganancias a medio plazo; es momento de realizar inversiones.
Balanza: Superación de un conflicto; éxito en un asunto legal.
Bandera: Pronto te verás expuesto a un peligro; se recomienda vigilancia.
Barco: Llegará una suma imprevista de dinero.
Bastón: Necesitas encontrar apoyos para tus futuros proyectos.
Bolsa: Pronto te llegará un regalo inesperado.
Brújula: Habrá un cambio de dirección en tu vida.
Buey: Después de la tormenta viene la calma.
Burro: Dificultades cercanas requerirán toda tu paciencia.
Cabra: Estás a punto de cometer una gran imprudencia; mide tus actos.
Cama: Pasarás por una etapa de bienestar emocional.
Campana: Noticias de un amigo que hace tiempo que no ves.
Cangrejo: Retroceso en planes que tenían buen pronóstico.
Canguro: Estás a punto de dar a luz a un nuevo proyecto; maternidad.
Cara: Una persona nueva entrará con fuerza en tu vida.

Casa: Solidez de tus proyectos; pronto llegarán los resultados.
Cascada: Se avecina una época de gran creatividad; sorpresas positivas.
Cerdo: Estás rodeado de malas compañías que te pueden jugar una mala pasada.
Círculo: Si está completo, lograrás finalizar un proyecto; si está roto significa que habrá retrasos.
Cocodrilo: Advertencia sobre peligros que se acercan.
Coche: Te ofrecerán un nuevo empleo.
Conejo: Grandes posibilidades de éxito en todo aquello que te propongas.
Copa: Vas a tener que asumir nuevas responsabilidades.
Cruz: Encontrarás un obstáculo en tu camino.
Cuerno: Tiempos de abundancia; es hora de compartir.
Diamante: Recibirás un regalo de gran valor; descubrimientos.
Dragón: Grandes cambios darán un nuevo sentido a tu vida.
Escalera: Progresos importantes; en caso de enfermedad, mejoría.
Escorpión: Peligros de envergadura a la vista; protégete.
Espada: Discutirás con alguien de tu entorno más inmediato.
Esqueleto: Alta probabilidad de enfermar; toma precauciones.
Estrella: Éxito profesional; es un buen momento para iniciar una relación.
Flecha: Si apunta hacia arriba significa que tu suerte mejorará; si apunta hacia abajo, tendrás que esperar.
Flores: Un amor del pasado volverá a entrar en escena.
Gato: Debes estar muy atento; una situación comprometida exigirá gran agilidad por tu parte.
Globo: Posibilidad de un viaje de envergadura.
Guadaña: Fin de una etapa e inicio de otra completamente diferente.
Guante: Una situación complicada requerirá de gran tacto por tu parte.
Guitarra: Alegría a la vista; ingresarán en tu grupo nuevos amigos.
Herradura: La suerte está de tu lado; es la ocasión de arriesgar.
Hoja: Un antiguo proyecto empezará a dar resultados.
Hombre: Una visita inesperada aportará emoción a tu vida.
Huevo: Se avecina una transformación importante; nuevas perspectivas.
Hueso: Hay que extremar las precauciones; riesgo de accidente.

Instrumentos musicales: Tiempos de alegría; placeres garantizados.
Interrogante: Algo importante está sucediendo sin que te hayas percatado.
Jarrón: Estás a punto de realizar un importante descubrimiento.
Lagarto: Una situación delicada exigirá que te muevas con gran discreción.
Lámpara: Pronto tendrás algo que celebrar.
Lechuza: Alguien te espera; has tenido los ojos cerrados mucho tiempo.
León: Un amigo fiel acudirá en tu ayuda.
Libro: Tiempo de grandes descubrimientos; progresión intelectual.
Llave: Se desvelará un misterio.
Loro: Estás hablando más de la cuenta y pronto sufrirás las consecuencias.
Luna: Es tiempo de amor; alguien se ha encaprichado de ti.
Mano: Un amigo necesita urgentemente tu ayuda.
Mariposa: Abandono de proyectos y personas que no te aportaban nada.
Martillo: Vas a tener que luchar contra las adversidades.
Mesa: Reunión con personas que no veías hace tiempo.
Moneda: Te reclamarán el pago de una deuda.
Montaña: Un problema de entidad exigirá de ti grandes esfuerzos.
Murciélago: Sin saberlo, te has metido en algo oscuro.
Nido: Adquisición de una propiedad; reunión familiar.
Nubes: Pasarás por un período de grandes dudas.
Ojo de cerradura: Secretos inconfesables van a salir a la luz.
Ojo: Se avecina una crisis que exigirá toda tu vigilancia.
Oreja: Una información sorprendente dará un cambio de rumbo a tu vida.
Oveja: Vas a tener que realizar sacrificios.
Pájaro: Buenas ideas; viajes a la vista.
Palmera: Te encuentras en un período creativo que dará frutos.
Paraguas: Época propicia para enfados; necesitarás tener paciencia.
Pastel: Te invitarán a una fiesta próximamente.
Pato: Recibirás una invitación inesperada.
Péndulo: Tu indecisión puede hacerte perder una gran oportunidad.
Pera: Tendrás fortuna en el terreno amoroso.
Perro: Un amigo te secundará en un nuevo proyecto.

Pez: Empieza una etapa de búsqueda espiritual.
Pipa: Un hombre mayor entrará en tu vida; cambios importantes.
Pirata: Hay aventuras a la vista.
Pistola: Riesgo de catástrofes; inicio de una nueva etapa.
Plátano: Facilidad para llevar a buen término toda clase de negocios.
Pluma: Una gran coincidencia se producirá en breve; tiempo de reflexión.
Puñal: Se aproxima una traición; deberás estar alerta.
Rama: Una nueva amistad enriquecerá tu vida.
Rana: Vas a tener un golpe de suerte.
Rata: El peligro llegará de donde menos te lo esperas; malos resultados financieros.
Reloj: El tiempo se acaba; te verás obligado a actuar.
Remo: Los problemas actuales pasarán pronto.
Serpiente: Una falsedad puede ponerte en un compromiso; tentaciones sexuales.
Seta: Posibilidad de ganancias con grandes riesgos.
Sierra: Necesidad de interrumpir una situación insostenible; fin del bloqueo.
Silla: Un inesperado huésped hará acto de aparición.
Sirena: Una tentación te pondrá a prueba en breve.
Sobre: Noticias del extranjero; puede que recibas un dinero inesperado.
Soga: Juicio próximo; si no mides tus palabras, puedes tener problemas.
Sol: Vas a alcanzar nuevas cotas de poder; evolución intelectual.
Sombrero: Te ofrecerán un nuevo empleo que requiere viajar.
Tambor: Vas a oír hablar de alguien a quien habías perdido la pista.
Taza: Vuelve la calma; descanso merecido.
Telaraña: Te verás envuelto en una intriga; se aconseja prudencia.
Tijeras: Fin de una relación; malentendidos familiares.
Tortuga: Necesidad de protección; freno de los proyectos.
Triángulo: Hacia arriba augura buena suerte; hacia abajo, mala suerte.
Uva: Los esfuerzos invertidos darán pronto su fruto.
Vaso: Se avecinan nuevas experiencias; debes estar abierto.
Ventana: Se abre una solución a un difícil problema.
Violín: Romance; rencuentro con alguien del pasado.
Zapato: Viaje próximo; en el camino te esperan algunas dificultades.

Una taza inspiradora

Muchos son los que han hablado de las virtudes y del espíritu de esta mítica infusión. Ya en el siglo VIII de nuestra era, el venerable maestro de té Lu Yu escribió el primer libro sobre la materia: el *Cha Ching*, el «Libro del té».

En este capítulo se ofrece una selección de las mejores citas y aforismos sobre el fragante mundo del té, desde grandes poetas de todos los tiempos hasta estrellas del rock como Mick Jagger, pasando por personajes tan diversos como Agatha Christie o Woody Allen. Se aconseja leer con una humeante taza en la mano.

Salud y longevidad

El té es una taza de vida.
ANÓNIMO

Beber una taza del té al día
hará morir de hambre al farmacéutico.
PROVERBIO CHINO

Lo mejor del té, por encima de todo lo demás,
es que lubrica la materia gris.
ANÓNIMO

Si tienes frío, el té te calentará.
Si tienes calor, te refrescará.
Si estás excitado, te calmará.
WILLIAM GLADSTONE

El buen té activa al holgazán,
relaja al estudioso, y diluye las comidas
de aquellos que no hacen ejercicio.
SAMUEL JOHNSON

Adoro el té. Es mi elixir de la eterna juventud.
Juventud física y mental.
REGINA HELKER

Donde hay té hay esperanza.
ARTHUR PINERO

El té es un producto mágico,
tal vez incluso la octava maravilla del mundo.
H. RAHMAN

Preparación

Nadie puede enseñarte cómo se prepara la taza de té perfecta.
Simplemente es algo que sucede de vez en cuando.
Por supuesto, llevar prendas de lana siempre ayuda.
JILL DUPLEX

La temperatura perfecta para el té
es dos grados más caliente de lo necesario.
TERRI GUILLEMETS

El mejor té del mundo es el que prepara
el estudiante de Oxford o Cambridge,
para quien es tan importante como su tabaco.
Se inclina sobre la tetera con el aire
de Roger Bacon en su laboratorio.
E.V. LUCAS

El té y el agua se dan vida entre sí, dijo el profesor.
El té sigue vivo. Este té tiene té y además la vitalidad del agua, añadió.
JASON GOODWIN

Mi hora para el té es las cuatro y media,
y mi tostada con mantequilla no espera a nadie.
WILKIE COLLINS

El té sin leche no es una bebida civilizada.
COLIN BLYTHE

Las mujeres son como las bolsitas de té.
No saben lo fuertes que son hasta que están en agua hirviendo.
ELEANOR ROOSEVELT

El té de la mañana trae consigo un regocijo
que no pueden igualar el de la tarde o la noche.
OLIVER WENDELL HOLMES

El amor y el escándalo son los mejores endulzantes del té.
HENRY FIELDING

La calidad del té es una decisión
que corresponde a la boca.
LU YU

Las hojas de té de mejor calidad deben tener pliegues
como las botas de cuero de los jinetes tártaros,
enrollarse como la piel que cuelga de la garganta de un poderoso buey,
desplegarse como la bruma que asciende de un barranco,
brillar como un lago desflorado por el céfiro y, en fin,
ser húmedas y dulces al tacto como la tierra fina recién barrida por la lluvia.
LU YU

Las matronas agitan la taza
y ven los posos del destino en el té.
ALEXANDER POPE

Es verdad que tengo malos hábitos.
Tomo el té a las tres.
MICK JAGGER

Calma

El té se bebe para olvidar el continuo estruendo del mundo.
TIEN YIHENG

Recuerda el hervidor de té:
siempre está con el agua al cuello,
¡y sin embargo silba!
ANÓNIMO

El té aviva nuestra imaginación.
Reprime los vapores que invaden la cabeza
y mantiene sereno el palacio del alma.
EDMUND WALLER

Pocas horas en la vida son tan agradables como
la que se dedica a la ceremonia del té por la tarde.
HENRY JAMES

Es extraño cómo un tetera puede encarnar al mismo tiempo
el placer de la soledad y el de la compañía.
ANÓNIMO

Soy un bebedor de té impenitente y desvergonzado.
Durante veinte años he diluido mis comidas exclusivamente
con la infusión de esta planta fascinante.
Con té he amenizado la tarde, con té he solazado mis noches,
y con té he dado la bienvenida a las mañanas.
SAMUEL JOHNSON

No hay problema tan grave que no pueda mitigarse
con una buena taza de té.
BERNARD-PAUL HEROUX

Bebe tu té lenta y reverentemente,
como si fuera el eje que hace girar el mundo:
lentamente, serenamente,
sin precipitarte hacia el futuro.
THICH NAT HAN

El mero tintineo de tazas y platos
induce en la mente un feliz reposo.
GEORGE GISSING

Para los ingleses el té
es realmente un picnic de interior.
ALICE WALKER

La charla y el té son su especialidad, dijo Giles.
Acaba de entrar... veremos si el té y los bollos
pueden hacer de este mundo un lugar mejor
AGATHA CHRISTIE

Nunca encuentro una taza de té lo bastante grande
o un libro lo bastante largo para saciarme.
C.S. LEWIS

Espero que la próxima vez que nos encontremos
no tengamos que luchar el uno contra el otro.
En lugar de eso estaremos bebiendo una taza de té.
JACKIE CHAN

Haz el té, no la guerra.
MONTY PYTHON

La hora del té es un balneario para el alma.
Dejas atrás tus preocupaciones y tu trabajo.
La gente ocupada se olvida de sus ocupaciones.
Tu estrés se disuelve, tus sentidos se despiertan...
ALEXANDRA STODDARD

El espíritu del té es
calma, bienestar y refinamiento.
ARTHUR GRAY

El teísmo es un culto fundamentado en la adoración
de lo bello entre los hechos sórdidos de la existencia diaria.
Nos inculca pureza y armonía, el misterio de la caridad mutua,
el romanticismo del orden social.
OKAKURA KAKUZO

El té es la bebida favorita de los intelectuales.
THOMAS DE QUINCEY

Quizás sea éste el verdadero regalo de la hora del té:
llena nuestras tazas con alegría y calor.
El eco de las tazas de té no se debería oír sólo en Navidad,
no sólo en las ocasiones especiales,
sino siempre que los amigos se reúnen.
EMILIE BARNES

¿Qué es lo más maravilloso para la gente que,
como yo, sigue el camino del té?
Mi respuesta: la unidad entre el anfitrión y el huésped
que se crea corazón con corazón cuando se comparte
una taza de té... te sientes una sola cosa con la naturaleza,
y encuentras la paz.
SOSHITSU SEN

Poesía

Hay mucha poesía y delicados sentimientos
en una lata de té.
RALPH WALDO EMERSON

Cada taza de té representa un viaje imaginario.
CATHERINE DOUZEL

Siempre he temido que la creación expire
antes de la hora del té.
SIDNEY SMITH

No estoy interesado en la inmortalidad,
sólo en el sabor del té.
LU TUNG

Mientras tanto tomemos un sorbo de té.
La luz de la tarde hace brillar los bambúes,
las fuentes burbujean con placer,
el canto de los pinos resuena en la tetera.
Soñemos con la evanescencia,
con la ligereza del mundo.
OKAKURA KAKUZO

Un hombre sin té es incapaz
de entender la verdad y la belleza.
PROVERBIO JAPONÉS

En el octavo día, Dios hizo el té dulce.
Algunas cosas en la vida hay que saborearlas
mirando las nubes y esperando la lluvia.
CARVIN MELON

Los grandes romances empiezan con champaña
y acaban con una tisana.
HONORÉ DE BALZAC

El té es una religión del arte de la vida.
OKAKURA KAKUZO

Nuestro problema es que bebemos demasiado té.
Yo veo en esto una lenta venganza de Oriente,
que ha desviado el Río Amarillo a nuestras gargantas.
J.B. PRIESTLEY

Una taza de té supera lo real.
Lian Ya Tang

Me alegra no haber nacido antes que el té
William Gladstone

Toma un poco más de té,
dijo la Liebre de Marzo a Alicia con gran seriedad.
No he bebido todavía,
repuso Alicia con tono ofendido,
por lo tanto no puedo tomar más.
Lewis Carroll

Su licor es como el rocío más dulce del cielo.
Lu Yu

—¿Quieres té?
—No, quiero romance. Quiero música. Quiero amor y belleza.
—¿De verdad que no quieres té?
Woody Allen

徐真

Sabor y salud

Presentamos el resumen de un texto que sobre el té ha escrito Kenneth S. Cohen, un destacado maestro de *qigong*, estudioso de la cultura china y especialista en temas de salud. Cohen, que inició su formación en 1969 y conoce perfectamente la lengua china y el taoísmo, colaboró con Alan Watts y trabajó al lado de grandes maestros en esta disciplina. Ha sido uno de los pioneros en la introducción del qigong en Occidente y ha establecido un puente entre el qigong y la medicina. Recomendamos su libro *El camino del Qigong*, publicado en español por la editorial La Liebre de Marzo, que es un verdadero tesoro para la salud.

¡Sírvete una taza de té!

Los textos clásicos de fitoterapia china suelen emplear unos cuantos párrafos para hablar del ginseng, pero los comentarios sobre el té ocupan varios capítulos. En China, casi todos los expertos en control del qi (acupuntores, calígrafos, practicantes de artes marciales y de qigong), es decir, de la energía, beben té con regularidad. Veamos algunos de los motivos para hacerlo:

El té es tan antiguo como la medicina china. Hace más de dos mil años, el legendario Granjero Divino *(Shen Neng)*, catalogó todas sus plantas medicinales de China. Probaba personalmente cada planta, tomando seguidamente una taza de té para neutralizar cualquier posible toxicidad. (No lo intente en casa; sólo funciona con granjeros divinos). Sentía el efecto que cada planta ejercía sobre su qi y lo anotaba en la primera edición del *Shen Neng Ben Cao Jing* (Clásico de plantas medicinales de Shen Neng).

Una medicina divina

El té se clasifica como dulce y amargo, así que, por tanto, beneficia al bazo, estómago, corazón e intestino delgado. El color verde de sus hojas naturales se asocia al hígado. Fomenta la función hepática de dispersión y armonización, lo cual es un gran beneficio para los practicantes de qigong. Los tés verdes son ligeramente *enfriantes* o refrescantes y los tés negros *calientan* moderadamente. Por eso, las variedades de té verde son preferibles en verano, mientras que las de té negro lo son en invierno.

Según el doctor Ma Shou-chun, del Instituto de Acupuntura y Medicina Oriental de Seattle: «El té genera líquidos, elimina la sed, despeja el calor, elimina toxinas, expulsa la humedad, favorece la orina, ayuda a la digestión, detiene la diarrea, elimina el fuego del corazón y levanta el ánimo». Algunos de los mejores tés son los llamados *Tés de antes de las lluvias*, recolectados a principios de primavera antes de la estación lluviosa. El *Ben Cao* dice de estos tipos de té que «absorben el qi puro de la primavera, fortalecen el qi original del cuerpo y dan una mirada brillante y sana». Yo añadiría que todos los tés inducen un estado mental sereno, tranquilo, sensible a la belleza de la naturaleza. Estos efectos persisten, al igual que el sabor del té. Cuanto más amargo sea el té, más *hui wei* (literalmente «sabor de retorno») tendrá: un regusto delicioso y duradero. (Va, pon un punto en esta página y sírvete un té antes de seguir leyendo).

Pu Erh, un tipo de té Oolong semifermentado originario de la provincia de Yunan, es probablemente el té medicinal más famoso de todos. En Yunan, y en el vecino Tibet, se ha venido bebiendo desde hace al menos mil años. Es excelente para reducir peso y para la digestión y favorece la disolución de alimentos grasientos. También se ha demostrado científicamente que reduce el nivel de colesterol. En 1967, la revista *Nature* publicó un experimento en el que se alimentó a conejos con una dieta alta en grasas y colesterol y luego se dividieron en dos grupos: a uno se les dio agua para beber, mientras que al otro se les dio té negro. Las aortas del grupo que había ingerido té padecieron menos lesiones y cicatrices. A este experimento le siguió otro, realizado en California, en el que se descubrió que las personas chinas y americanas que bebían té sufrían menos lesiones de las arterias coronarias y cerebrales que las personas caucásicas que bebían café. Por otra parte, en el Hospital Número Uno de la Facultad de Medicina de Kunming (China), se observó que el té Pu Erh bajaba los niveles de colesterol de los pacientes hasta un 17% y los triglicéridos hasta un 22%. Se dieron tres tazas diarias de té Pu Erh durante un mes a pacientes con niveles anormales de grasa en sangre y dichos niveles de grasa bajaron en un 25%.

Sobre los saludables efectos de todos los tipos de té sobre las arterias, Jean Carper, una autoridad en nutrición, escribe: «Los elementos químicos del té pueden reducir la coagulabilidad de la sangre, evitar la activación y el agrupamiento de las plaquetas, aumentar las actividades de disolución de los coágulos y reducir los depósitos de colesterol en las paredes arteriales.»

El té también presenta unos efectos anticáncer significativos. Se hizo el experimento de administrar a ratones la misma concentración de té verde que la que ingieren normalmente los humanos, observando que se bloquea la incidencia de hasta un 87% de todos los tipos de cáncer de piel, un 58% de cáncer de estómago y un 56% de cáncer de pulmón.

En China se ha observado que la incidencia del cáncer de estómago y de hígado es más baja en las regiones en las que se bebe mayor cantidad de té si las

El té Kukicha y el té Mu

Se pueden encontrar juntos en los mejores establecimientos de herbodietética y ambos son originarios del Japón y resultan excelentes como bebida digestiva y suavemente tonificante. Pero se trata de dos bebidas bien diferentes: el té ***Kukicha*** se hace de las ramitas de los arbustos del té, tostadas cuatro veces junto con las hojas. A diferencia de la mayoría de tés, contiene muy poca teína. Se prepara en infusión, dejándolo reposar en el agua unos 10-12 minutos.

En cambio el té ***Mu*** es una singular combinación de especias y plantas medicinales, según una antigua receta recuperada estos últimos años. Esta mezcla única se compone de raíz de peong, de perejil y de jengibre, hoelen, canela, regaliz, hueso de melocotón, ginseng, rehmania, piel de mandarina, cnidium, atractylodes, cyperus, clavo de olor, moutan y coptis. Se prepara igual que el té Kukicha.

comparamos con otras zonas del país. Uno de los más potentes anticancerígenos químicos es el epigalocatequin galato (EGCG). Dado que el proceso de tueste y la fermentación destruyen la mayor parte del EGCG, éste se encuentra en altas concentraciones sólo en el té verde.

El té fortalece el sistema inmunitario y es antibacteriano. En la antigua China se aplicaba el té verde en polvo o sus hojas masticadas a modo de cataplasma de uso externo para detener infecciones causadas por heridas o picaduras de insectos. El té en polvo suele inhibir el crecimiento de estafilococos, salmonellas y otros gérmenes patógenos. Por otra parte, el té destruye las bacterias de la boca, evitando la caries dental. El fluorado del té fortalece el esmalte dental.

Las propiedades antioxidantes del té dan una clave para comprender muchos de sus beneficios así como la conexión tradicional entre el té y la longevidad. Los *antioxidantes* destruyen o desactivan moléculas libres o muy reactivas, que los que hacen básicamente en nuestro organismo es lo mismo que lo que el oxí-

Las bolsitas de té

Este práctico invento se lo debemos a Thomas Sullivan, un comerciante de Nueva York que decidió en 1904 dejar de comercializar té a granel en latas para hacerlo en pequeñas bolsas de seda hechas a mano. Sus clientes descubrieron que no era necesario sacar el té de la bolsita para preparar la infusión, ya que podían verter agua directamente sobre ellas. Con ello se evitaba el engorroso proceso de pasar la infusión por el colador. Así empezó a venderse el té en bolsitas, que obtuvo éxito inmediato debido a lo práctico que resultaba. Sin embargo, no todo son ventajas.

Las bolsitas de té contienen hojas pulverizadas que muchas veces son de una calidad inferior a las de granel. Hasta ahora el té negro tenía la hegemonía en este tipo de presentación, pero últimamente el té verde, muchas veces aromatizado con menta, le está ganando terreno.

Por otra parte, hoy en día ya se sabe lo importante que es para la salud que el material para fabricar cada bolsita sea de celulosa blanqueada sin cloro.

geno hace a los aceites y grasas de nuestro hogar: los vuelve rancios y viejos. Así que los alimentos antioxidantes, como por ejemplo el té, nos mantienen frescos y jóvenes.

El té también es rico en nutrientes, aunque la cantidad consumida en una taza sea naturalmente muy pequeña. Contiene vitamina A insoluble (80 mg/100 g) y clorofila (3 %), que no nos son de utilidad si las hojas del té han sido remojadas, y pequeñas cantidades de vitaminas B_1, B_2, niacina y ácido fólico. Hay bastante manganeso y iodina para dar razón de los supuestos efectos antiácido del té. Es muy rico en vitamina C (250 mcg de vitamina /100 g), aunque el té negro pierde parte de esta vitamina durante la fermentación. Una taza normal de té verde (aproximadamente una cucharadita de hojas de té) liberará unos seis miligramos de vitamina C después de haber sido utilizada tres veces. Una taza de té negro posee también alrededor de 58 miligramos de potasio.

¿Y la cafeína? La cafeína del café pone los nervios de punta. Algunas personas dicen que les da «empuje». Yo digo que lo que da es «ansiedad». El café te prepara para la guerra. El Instituto de Medicina de la Academia Nacional de Ciencias de EE.UU. ha recomendado que se añada cafeína a las raciones de alimentos de los soldados. ¡Quizá habría que sustituirlo por té! Si los soldados tomasen té, probablemente estarían en un estado más meditativo y consciente, listos para actuar pero no empujados a ello. Estas cualidades son tenidas en alta estima en las artes marciales chinas y japonesas. Un motivo que explica los diferentes efectos del café y del té es que aunque los dos contengan cafeína, el té contiene otras sustancias que pueden cambiar o mitigar los efectos de la cafeína. Además, el café contiene bastante más cafeína que el té.

No obstante, se deben tomar ciertas precauciones al usar esta maravillosa droga. Nunca bebas un té hecho el día anterior y que se haya quedado en la taza o en la tetera. El té deberá ser recién hecho para que pueda tener efectos curativos. Tendrás que reducir la cantidad de té si padeces insomnio, arritmia o estás embarazada. Y recuerda que cualquier bebida que contenga cafeína podrá interactuar de forma negativa con ciertos tipos de drogas, como las píldoras para el control de la natalidad, los medicamentos para la úlcera, tranquilizantes o antidepresivos inhibidores de la monoamina oxidasa.

Pequeño diccionario del té

agonía de las hojas: expresión que describe el momento en el que las hojas de té se despliegan por efecto del calor.

ahumado: hojas de té que han sido secadas en un fuego de leña para conferirles su sabor característico.

amarillo: variedad de té madurado sin fermentar; toma su nombre del color que adquiere la infusión.

Anhui: una de las mayores regiones chinas productoras de té.

aroma: fragancia que desprende la hoja de té en infusión según sus aceites esenciales.

aromatizados: mezclas que suelen elaborarse a partir de una variedad de té de poca calidad, a la que se agrega trozos de fruta, flores, especias o esencias.

Assam: región del nordestede la India donde se cultiva la *Camellia assamica*, que produce tés negros que dan infusiones de fuerte sabor y color tostado; esta variedad de té también se cosecha en Darjeeling.

astringencia: sensación de sequedad en la boca producida por los tés con polifenoles sin oxidar.

azul: nombre que reciben los tés semifermentados, a medio camino entre el verde y el negro; también llamado Oolong.

Bancha: variedad de té verde con bajo contenido en teína; es el más común en Japón.

bergamota: aceite esencial de la naranja de bergamota que se utiliza para aromatizar tés como el Earl Grey.

blanco: variedad especial de té verde que se reconoce por la presencia de filamentos blancos en los brotes y una infusión de color mucho más claro.

blend: mezcla de tés de diferentes orígenes para obtener un sabor más consistente.

catequinas: clase de polifenol presente en grandes concentraciones en el té verde, y en menor grado en otras preparaciones a partir de esta planta.

Ceilán: nombre colonial que recibía la actual Sri Lanka; denominación de los tés procedentes de esta isla al sur de la India.

cha: escritura romanizada del término té en chino o japonés.

chai: nombre que recibe el té en la India; el llamado *masala chai* (té mezclado) es una infusión fuerte a base de te negro y especias, normalmente acompañado de leche y azúcar.

Chum mee: té muy popular en China, cuyas hojas finas y alargadas recuerdan a pequeñas cejas; da una suave infusión amarillo claro.

Congou: denominación que se utiliza para designar el té negro chino; el término deriva del original *gongfu*.

cuerpo: término empleado por los maestros de té para referirse a la consistencia de la infusión.

Darjeeling: región al nordeste de la India que da nombre al té que se cultiva allí; estas plantaciones en plenos Himalayas dan lo que se considera el Champagne de los tés, mayoritariamente negros.

Earl grey: té negro aromatizado con aceite esencial de bergamota.

English breakfast: té negro de sabor fuerte que se consume en Gran Bretaña para despertarse por la mañana.

fermentación: procedimiento que se emplea para obtener té negro y Oolong; este proceso favorece que las enzimas naturales del té oxiden la hoja verde para darle el tono tostado y aroma característicos.

first flush: variedad elaborada con los primeros brotes de primavera.

Formosa: tés producidos en Taiwán, mayoritariamente del tipo Oolong.

Genmaicha: té verde con arroz tostado; es muy consumido por los japoneses durante las comidas.

Gunpowder: popular té verde originario de China cuyas hojas están comprimidas en forma de pequeña bola; se despliegan al contacto con el agua caliente.

Gyokuro: té verde japonés que se obtiene de plantas que crecen a la sombra; también denominado Pearl Dew.

jazmín: té negro aromatizado con jazmín muy popular en China; suele elaborarse a partir de la variedad Pouchong.

Keemun: té negro de altísima calidad que se cultiva en la China central; normalmente se enrolla y tuesta a mano.

Kenia: uno de los tés negros con más cuerpo; en el país africano se suele vender en forma de polvo que recuerda el café.

Kokeicha: té verde japonés, pulverizado y prensado en forma de finas agujas; da una infusión amarillenta de sabor pronunciado.

Lady grey: versión afrutada del Earl Grey, con corteza de naranja y pétalos de rosa.

Lapsang souchong: té negro chino que se seca sobre un fuego de pino para obtener su característico sabor ahumado.

Lung ching: en chino, «Manantial del dragón»; té verde de la región de Hangzhou célebre por su color esmeralda y dulce sabor.

Matcha: té verde pulverizado que se utiliza en la ceremonia del té japonesa; proporciona una infusión color jade, rica y astringente.

negro: el té más extendido en Occidente; se preparara a partir de hojas de té verde que se dejan oxidar —o fermentar— para obtener una infusión rojiza.

Oolong: variedad de té que se caracteriza por sus hojas grandes y sabor ligero en la infusión; está ligeramente fermentado, a medio camino entre el té verde y el negro; también se conoce como té azul.

Orange pekoe: no se refiere a la calidad o al sabor, sino al tamaño de las hojas; este término indica el tamaño máximo de las hojas de té enteras.

otoñal: nombre que recibe el té que se recolecta en otoño.

Pai mu tan: la variedad más conocida de té blanco, de prodigiosas virtudes curativas.

polifenoles: astringentes naturales presentes en el té.

polvo: el grado más fino del té, normalmente asociado a una menor calidad; es el que se utiliza para las bolsitas de té que se comercializan.

Pu-erh: popularmente llamado té rojo, variedad procedente de la provincia china de Yunnan de reconocido poder adelgazante; se elabora a partir de té verde húmedo que se fermenta microbiológicamente para oscurecerlo.

rain tea: hojas recolectadas durante la estación lluviosa.

rojo: nombre que recibe el Pu-erh; en Sudáfrica recibe este mismo nombre la infusión nacional, el Rooibos.

roto: té desmenuzado por una máquina cortadora; ni las hojas ni los capullos aparecen enteros.

Samovar: mezcla muy popular en Rusia a partir de té negro chino con un ligero toque ahumado.

second flush: té procedente de las hojas y brotes nacidos después del período intermonzónico.

Sencha: té verde japonés similar al Bancha, pero de mayor calidad.

Souchong: denominación empleada en china para las grandes hojas de té que se obtienen del tercer o cuarto brote de la planta.

Sumatra: té negro de intenso sabor que se cultiva en la isla indonesia del mismo nombre.

teína: sinónimo de la cafeína; compuesto estimulante presente en el té.

Ti kuan yin: literalmente «Diosa acerada de la Merced»; variedad de Oolong que fermenta más tiempo y adquiere un color más oscuro y un sabor intenso.

tisana: infusión obtenida de otras plantas distintas del té.

Tip: también denominado *tippy*; té con una elevada proporción de brotes jóvenes.

verde: hojas de té secas sin fermentar; se consume principalmente en China y Japón.

Yunnan: región al sudoeste de China que produce tés negros de sabor especiado, además del célebre Pu-erh.

Índice de recetas

Bibliografía selecta

BAGCHI DEBASIS, *Green Tea: Antioxidant Power to Fight Disease*, McGraw-Hill, 1999
BARNES EMILIE, *If Teacups Could Talk*, Harverst House, 1994
BROCHARD, GILLES, *Pequeño tratado del Té*, Olañeta, 1998
BRUNEL, HENRI, *Los más bellos cuentos Zen*, Olañeta, 2003
CHANG, YING y otros, *Cooking with Green Tea*, Putnam, 2000
CHOW, KIT & KRAMER, *All the Tea in China*, China Books and Periodicals, 1990
COHEN, KENNETH, *El camino del Qigong*, La Liebre de Marzo, 2004
DOLBY, VICTORIA, *All About Green Tea*, Putnam, 1998
FARREL, MARY E., *From Cha to Tea: a study of the influence of tea drinking on British culture*, Publicacions de l'UJI, 2002
FERMINE, MAXENCE, *Opio*, Anagrama, 2003
GOODWIN, JASON, *The Gunpowder Gardens*, Vintage, 1993
GUSTAFSON, HELEN, *The Green Tea User's Manual*, Clarkson N. Potter, 2001

Hara Yukihiko, *Green Tea Health Benefits and Applications*, Marcel Dekker, 2001
Harrer, Heinrich, *Siete años en el Tíbet*, Juventud, 1987
Huete, Anna, *Energía para beber*, Ed. Océano Ámbar, 2005
Isobuchi, Takeshi, *Searching for Tea*, Japan, 1994
Jumeau-Laford, Jacques, *Le The*, Nathan, 1988
Kakuzo, Okakura, *The Book of Tea*, Tuttle, 2000. Hay edición en español: ed. Kairós. Edición en catalán: ed. Altafulla
Kam Chuen, Lam, *The Way of Tea*, Gaia, 2002
Man-Tu Lee, Anthony, *The Japanese Tea Ceremony*, Element, 1999
Maxwell, Fernando, *The Geography of Tea*, Standard T.C., 2001
Mellor, Isha, *El librito del amante del té*, Olañeta, 1986
Mitscher, Lester, *The Green Tea Book*, Putnam, 1997
Oppliger, Peter, *Green Tea*, C.W. Daniel, 1998
Podreka, Tomislav, *Serendipitea*, William Morrow & co., 1998
Pratt, James Norwood, *Tea Lovers Treasury*, Cole Group, 1995
Pruess, Joanna, *Eat Tea*, The Lyons Press, 2001
Purti, Iona y Marcelo Pascual, Arturo, *Té verde y otras tisanas revitalizantes,* Ed. Océano Ámbar, 2003
Purtí, Iona y Román, Rodolfo, *Té Pu-erh y Rooibos*, Ed. Océano Ámbar, 2004
Rasmussen, Wendy y Ric Rhinehart, *Tea Basics*, John Wiley & Sons, 1999
Roselló, Dr. Ramon, *El sano placer de las tisanas*, Ed. RBA Integral, 1998
Rosen, Diana, *Green Tea*, Vermont, 1998
Sen, Shohitsu y otros, *The Japanese Way of Tea*, University of Hawaii Press, 1998
Shiru, Chang y Ramiro Calle, *101 cuentos clásicos de la China*, Edaf, 2002
Taylor, Nadine, *Té Verde*, Obelisco, 2000
Tekulsky, Mathew, *Making Your Own Gourmet Tea Drinks*, Crown, 1995
Udall, Kate Gilbert, *Green Tee: Fight Cancer, Lower Cholesterol, Live Longer*, Woodland, 1998
Yamamoto, Takehiko, *Chemistry and Applications of Green Tea*, CRC Press, 1997
Yi, Sabine y otros, *El libro del amante del té*, Olañeta, 1986
Zak, Victoria, *20.000 Secrets of Tea*, Dell Pub, 1999
Zittlau, Jorg, *Green Tea for Health & Vitality*, Putnam, 1998